読みなおす日本史

中世京都と祇園祭

疫神と都市の生活

脇田晴子

吉川弘文館

はじめに

祇園祭《ぎおんまつり》ほど、華麗で豪壮な祭りはないと私は思う。カッと照りつける真夏の太陽、四条《しじょう》河原町《かわらまち》の交差点を、長刀鉾《なぎなたぼこ》が重量感をもって左折する。その鉾まわしを見るとき、ジトジトと降りつづいた梅雨《つ ゆ》の邪気を、この世のマガマガしいものすべてを、はらってくれるように思うのだ。

祇園祭、正式には祇園御霊会《ごりょうえ》、疫病《えきびょう》退散のための祭りである。都市という多くの人々が集まって住む所では、流行する疫病が、どんなに恐ろしい病気であったか。抗生物質の発見された今日では、想像もできないに違いない。その疫病から人々を守るためのお祭り、これこそ都市の生活を守る都市民の祭りであった。

祇園祭は十世紀から続く祭りである。現在は祭りの中心となり、祇園祭といえば、これだけだと思っている人も多い山鉾巡行《やまぼこじゅんこう》も、十四世紀からはじまった祭りである。このように市民の祭りが、現在なお続いている例は、世界的にも少ない。応仁・文明の乱（一四六七～七七）後、三十年ほどの中断の時期があるとはいえ、千年も六百年も続いているお祭りを、私は他には知らない。イギリスやフランスに行って、聞いて廻ったけれど、はかばかしい答えはなかった。ドイツには中世の市民の祭りに起源をもつお祭りはあるようだけれど、多くは最近、再興されたものだという。

神の乗ったと目されている神輿《みこし》が一年に一度、御旅所《おたびしょ》まで遊幸《ゆうこう》してくる。それを歓迎して一町内から一つ出る鉾《ほこ》や山《やま》が、ぐるぐると巡行するのだ。昔は神輿の渡御《とぎょ》があってから、山鉾が巡行したものだ。現在ではなぜか、山鉾巡行が午前中に終わってから、午後の四時に三基の神輿——牛頭《ごず》天王・婆《は》(頗)梨采女《りさいじょ》・八王子《はちおうじ》——が八坂《やさか》神社を出発する。揉《も》みにもんで、練《ね》りまわして、御旅所に着くのは八時すぎである。

右のように、祇園祭は、神輿渡御と山鉾巡行の二つの部分からなっている。二つの祭りが、つかず離れず、並行して別個に進行するお祭りというのも、珍しいものである。この特色ある祭りの形式は、祇園祭形成の歴史的な経過から説明がつくのである。

神輿渡御をさらに詳しく見れば、「追いやらうもの」としての疫神《えきじん》が、河東《かわひがし》(鴨川より東)の地に鎮座して、一年に一度、洛中《らくちゅう》の御旅所に遊幸してくるようになって、祭礼は大きく変わった。それを朝廷・院宮《いんぐう》・貴族たち、京童《きょうわらんべ》といわれた京都の住民たちによって賑やかに祭られる過程から、馬上役《ばじょうやく》という頭役《とうやく》を差定《さじょう》(選定して指名する)して祭りの費用を出させ、祭りを盛大にさせる過程へと変化する。そしてその次には、もともとは神輿に随従して、祭りを盛大ならしめた鉾や山が、職種的共同体である座や、地域的共同体である町という集団から出されるようになり、さらには、南北朝時代、神輿が渡御できない政治情勢のなかで、それ自身、独立して巡行するようになった。それ故に、現在も町々から出す山や鉾は、十四世紀から続く、下京《しもぎょう》の自治都市の記念碑である。時は動乱期、町人たちは、自分たちの町を自衛するなかで結束して、その結束のあかしとして、あの華麗な祇園祭山鉾巡行をつくりあげていったのだ。あれだけのものを、何かのまねではなく、自分たちでつくりあげていった。そして全国の祭りの先駆けとして、祭りの形式を決定した、京都の町人たちは褒められていい。

以上のように、共同体を結成する人々の主体性が信仰と祭りの形式をつくっていくこと、山鉾巡行はまさに、京都の下京という自治都市結成の連帯のための象徴をなすお祭りとなったのだ。ここに神輿渡御と山鉾巡行という他に類を見ない祭りの形式が成立するのである。その独自の祭りの形式が意味するところの、その時代時代のあり方の変化を具体的に追ってゆきたいと思う。

悪疫の流行、罹病《りびょう》の恐怖は、集住化しつつある町や村にとって深刻な問題である。そしてそれを免れるための疫神への信仰というものがおこってくるのは当然の成行きである。林田雅至氏によればキリスト教社会でも、セント・ロックやセント・セバスチャンなどの信仰になって現れてくるそうである。したがって疫神から疫病除災神《じょさいしん》になった祇園信仰は全国津々浦々・村々町々に勧請《かんじょう》されていった。しかし、この神輿渡御と山鉾巡行の並行という祭礼形式は、それほど顕著には見られない。これは古代からの平安京という首都であり、貴族層の集住地である政治情勢が大きく作用している。そのなかで、住民が主体性を発揮した祭り形式であり、都市としての京都の歴史発展のあり方に規定されているのである。京都における祇園御霊会の展開を見ることは、すなわちもう一つの都市史を見ることなのである。

目　次

第一章　祇園御霊会のはじまり

一　御霊会のはじまり

平安京が都市としての発展を示してくると、そこでは疫病の流行も激しくなってくる。平安時代の人々は、それを横死《おうし》した人々の怨霊《おんりよう》のしわざとしたり、外国から渡来してきた疫神によると考えた。たしかに疫病が蔓延《まんえん》する様《さま》は、行疫神《ぎようえきしん》が移動しているように見えたのだ。この災いをもたらす御霊や疫神を慰めて、こころを和らげさせるために、歌舞芸能を尽くして、神のこころがなごんだ隙に、さっと隣の地に送ってしまおうという意図が祭りには込められている。まさに鎮送という言葉がふさわしい。

御霊会《ごりようえ》の最初の記録は、知られているように、『三代実録』貞観五年（八六三）五月二十日の記述である。神泉苑《しんせんえん》で御霊会を修して、崇道《すどう》天皇（早良《さわら》親王）・伊予親王とその母藤原夫人（吉子）・観察使《かんさつし》（藤原仲成）・橘逸勢《たちばなのはやなり》・文室宮田麻呂《ふんやのみやたまろ》の六所《ろくしよ》の御霊を祭ったというものである。これには、藤原基経《もとつね》などに勅を下して御霊会を監事させ、王公卿士が観覧に赴いた。お供え物をして、講師の高僧が金光明経と般若心経を上げ、雅楽寮伶人《うたのりようのれいじん》に楽《がく》を奏さしめて、帝の近侍の児童や良家の稚子が大唐や高麗の舞を舞った。さらに雑伎《ぞうぎ》や散楽《さんがく》がその芸能を競った。この日、宣旨《せんじ》を下されて、苑の四方の門を開けて、都の人々の出入り縦覧を許したというのが、朝廷主催の御霊会である。

さてその祭儀はどのようなものであったか。『三代実録』に述べるところによれば、「かの人々は、事に坐して誅《ちゆう》せられたが、無実の魂が祟《たた》りをなして、最近では疫病が頻発して、死亡するものが大変多い。この災いは御霊のなすところである。それゆえに京畿より諸国まで、夏天秋節《かてんしゆうせつ》にいたるごとに御霊会を修している。あるいは仏を礼して経を説き、あるいは歌舞をし、童子を着飾らせて駆けて弓を射させ、膂力《りよりよく》の士に相撲を取らせ、騎射《きしや》の芸をさせ、競馬《くらべうま》で勝ちを争わせ、倡優《わざおぎ》（俳優）の戯芸を競わせた」。それを集まってみるものはみな声をあげた。そしてこれがだんだん風習となってきた。今ここに咳病《せきのやまい》（流行性感冒か）が流行《はや》り、百姓（庶民のこと）がたくさん倒れた。〝朝廷の祈り〟として、この御霊会を修して、「もって宿禱《しゆくとう》を賽《さい》す」と記している。

この御霊会が、決してはじめてのものではないことは、貞観五年の記事のなかに、京畿よりはじまって外国（畿外の諸国）にまで及んで、夏から秋にかけて、御霊会を修することが例となっている、とあることにより明らかである。その民間の祭儀をとりあげて、朝廷でも行うことになったと見ることができるのである。

それでは民間の御霊会とはどんなものであったであろうか。少し時代は下るが、十二世紀に成立して、都鄙《とひ》の習俗や生活のあり方の具体的な像を伝える『今昔物語集』（巻二八―七）に、里の御霊会についての面白い話がある。

近江国矢馳郡司《やばせのぐんじ》が仏堂を建てて堂供養をするために、比叡山の説教のうまい教円という僧侶を請じいれた。教円は「功徳《くどく》のあるねんごろな堂供養をするには、舞楽を奏して極楽・天上の様を表すのがよいが、楽人が必要なので大変だ」といったら、郡司は「簡単なことだ、楽人は住んでいる矢馳の津《つ》に皆そろっている」と答えた。当日、教円がおもむくと、白装束の男たちが十余人いて、馬に乗り「或ハヒタ（直）黒ナル田楽《でんがく》ヲ腹ニ結付《ゆいつけ》テ、程ヨリ肱《ひじ》ヲ取出シテ、左右ノ手ニ桴《ばち》ヲ持タリ。或ハ笛ヲ吹キ、高栢子《たかひようし》ヲ突キ、□ヲ突キ、杁《えぶり》ヲ差《さし》テ、様々ノ田楽ヲ、二ツ物・三ツ物ニ儲《もうけ》テ、打喤《うちののし》リ吹キ乙《かなで》ツツ、狂フ事无限《かぎりな》シ」と田楽の有り様が、活き活きと描かれている。教円は今日は里の御霊会の日なのだろうと思ったが、それは教円が楽人が必要だといったので、郡司が田楽師どもを動員したのだった。したがって話は、郡司が舞楽（ここでは仏事の音楽）と田楽の違いを知らない、最低の奴だ、という、教養の低さを笑う話であるが、矢馳の里の御霊会の田楽がわかるのである。

さて、もとにもどって、これらの御霊会は悪疫退散を目的としており、疫病が無実の罪で横死した怨霊のしわざと考えられていたこと、その御霊を慰撫するために、仏教により仏の礼拝や読経を行うだけでなく、歌舞芸能を尽くし、のちには一つ物といわれた着飾った童子の歩射《ぶしや》、相撲、流鏑馬《やぶさめ》のような騎射、俳優《わざおぎ》の歌舞芸能がなされたことなど、のちの祇園御霊会の神輿渡御の行列のすべてが、すでに出そろっているのである。

それより以前、奈良時代から、横死した怨霊の祟りがいわれることはあった。しかし、この貞観五年の御霊会は、すでに先学たちがいわれているとおり、それまでの怨霊が個人的に恨みをもつ人に祟ったのとは質が異なっていて、はっきりと一般的な疫病の原因とされ、その御霊に対する畏怖や信仰が、平安京から諸国に広がって、民間の信仰習俗として、恒常的な祭りとなっていることであった。

なぜ、怨霊が疫病の原因として祭られるようになるのであろうか。高取正男氏は、御霊会はそれまでの民間の疫神祓除《ふつじょ》の信仰と祭儀の伝来の方法と、仏教が結びついたものとされている。そしてその疫神祓除の祭儀は、畿内近辺から新しくのしあがって、五位ぐらいの下級の官位をえて、京都と田舎を往復する「富豪の輩」などといわれた人たちが、もちこんだものとされている。以後、同じテーマを追いもとめた井上満郎氏も、菊池京子氏も、支持層の問題に絞っておられて、新しい都市の住民が新しい祭儀をつくる状況を説明されている。

さて崇道天皇以下の六所《ろくしよ》の御霊は、その後、新たに菅原道真の火雷天神《からいてんじん》と、吉備大臣（吉備真備《きびのまきび》）を加えて八所《はちしよ》になり、現在も上《かみ》、下御霊《しもごりよう》神社に祭られている。このような歴史上に著名な人々で、恨みを残して死に、霊威をあらわした人を慰撫することも御霊会であるが、それは国家、政府の修するもので、政敵にとってもっとも恐ろしいものであった。いわば怨霊というかたちでの政治批判であるといわれており（肥後一九三九、河音一九八四）、疫病神となって荒れ狂う怨霊を修し、世のなかを平穏に保つことが、施政者に求められたのである。かかる御霊会は、直接の政敵をやっつけるのではなく、民衆生活を守るべきものの責任を問うというかたちで、社会が回路となって報復が図られ、それを慰撫するという点に特色があった。

しかし一般には、疫病の蔓延は、もっと漠然とした何者かわからぬものの害意とうけとられた。氏族社会では、その生活を守ってくれるものは氏族神であるが、疫病は氏族の内外を問わず、誰にでも襲ってくるから、氏族制の枠組みではどうにもならぬものであった。そこに、普遍的な疫病神成立の基盤がある。

御霊会はその後も、疫病の流行にともなって、再々行われた。最初は恒常的な社殿などなく、必要な時に、便宜の場所を選んでそこに祭壇をもうけて、神を迎えて祭ったものである。出雲路《いずもじ》、船岡《ふなおか》、紫野《むらさきの》、衣笠《きぬがさ》、花園《はなぞの》、東寺《とうじ》、西寺《さいじ》などの地で行われており、祇園の地もその一つであった。それらの地は京都の郊外の葬送の地であり、神送りの儀礼である御霊会の祭場に選ばれるのに、ふさわしい場所であった。八坂の地も同様で、鳥辺野《とりべの》に近接している河東《かわひがし》の地であり、御霊会にふさわしい場所であった。

御霊会を行うということは、そこで神を慰撫して、遠くの地に行ってもらうためである。例えば、正暦五年（九九四）に船岡山で行われた御霊会は、疫神鎮送のためのものであることが明らかだ。木《も》工寮《くりょう》・修理職《しゅりしき》が神輿《みこし》二基をつくって、北野船岡山に安置して、僧が仁王経の講説を行い、京中の人々が伶人を呼んで音楽を奏して、都の男女幾千万人と知れない人々が幣帛《へいはく》をもって祭った。祭りが終わってのち、神輿に宿らせた疫神を難波の海に送り出したという（『日本紀略』）。井上満郎氏によれば、菅原道真はじめ御霊となる人々は、遠く異境の地で死んだということが大きな要素となった（井上一九七六）。疫神は異界から来るのだから異界に送り返すのである。柴田実氏も、貞観五年の御霊会が神泉苑で行われたのも、水辺をとおって異界に帰るのだといわれる。

やがてそれらの地には、恒常的な堂社のかたちをとったものができてくる。出雲路の御霊堂や紫野の今宮《いまみや》社などが、それである。

祇園社もそのような疫神の一つであった。しかも遠い異国からやってきた神であった。今日も疫病の流行が外国から入ってくる場合が多いことを考えると、もっともな解釈である。貞観十四年正月にも、『三代実録』の伝えるところでは、京中に咳病が流行して、死亡者が多く出た。これは渤海国使《ぼっかいこくし》の入国による「異土ノ毒気《どっき》」の故と考えられたという。したがって疫病神となる御霊にも、特定の悲劇的な横死者の霊と、不特定多数の霊とがあり、また、国内の神々と、異国から渡来してくる神々とがあった。祇園の神はその後者が収斂して、後代に祇園牛頭《ごず》天王と呼ばれる神になっていったのである。

二　祇園天神堂

祇園社が歴史の記録にはっきりと顔を出すのも、御霊会と同じくらいに古い時代からである。祇園社の創立については中世から諸説あって判明しがたい。明確な史料のみで考えれば、すでに『貞信公記』延喜二十年（九二〇）閏六月二十三日条に、「咳病を除かんために、幣帛《へいはく》・走馬《はしりうま》を祇園に奉るべきの状」という記事に見られる。『日本紀略』延長四年（九二六）六月二十六日条には、「祇園天神堂を供養す、修行僧建立す」とある。このころすでに、「とつくに」（外国）から入ってくる咳病の神として、祇園天神が存在していたのである。

なぜこの八坂の地を「祇園」といったのであろうか。八坂の地に昭宣公、藤原基経が天神の霊威を感じて居宅を寄進して、観慶寺《かんぎようじ》を建てた。それは天竺（インド）において、釈迦に対して須達《しゆだつ》長者が、祇園精舎を寄進した行為と類似しているとして、祇園と称したといわれている。いわば和製の須達長者が基経というわけである。基経は貞観五年の御霊会を率先して行った政治家であるから、のちに疫神を祭る感神院《かんじんいん》＝祇園社を付属させる観慶寺を建てたといわれるのも故なしとしない。それを裏付けるものとして、後代、室町時代のものながら『二十二社註式』という神道書に引く承平五年（九三五）の太政官符があり、昭宣公、藤原基経が、観慶寺という寺を建てたが、それを定額寺《じようがくじ》とするというもので、「観慶寺（宇祇園寺）」と書かれている。『二十二社註式』（『群書類従』）の記載のままを書き下しにして挙げることとする。

人皇六十一代朱雀院承平五年六月十三日官符に云く。応に観慶寺を以て定額寺為るべきの事。
宇祇園寺、山城国愛宕郡八坂郷地一町に在り。檜皮葺三間堂一宇庇四面。在り檜皮葺三間礼堂一宇庇四面。在り
安置薬師像一躰。脇士菩薩像二躰。観音像一躰。二王昆（毘カ）頭盧一躰。大般若経一部六百巻。
神殿五間檜皮葺一宇。天神。婆利女。八王子。五間檜皮葺礼堂一宇。右山城国解を得るに偁《いわ》く。
故常住寺十禅師伝燈大法師位円如。去貞観年中建立し奉る也。或は云く。昔常住寺十禅師円如大法師。託宣に依り第五十六代清和天皇の貞観十八年、山城国愛宕郡八坂郷樹下に移し奉る。其後藤原昭宣公。威験を感じ。台宇を壊《こぼ》ち運び精舎を建立す。今の社壇是也。

この官符には、「第五十六代清和天皇」など、少し疑問のところもあるが、それは後代の書き入れであろう。鎌倉初期成立の『伊呂波字類抄《いろはじるいしょう》』には、後半二行分の原文らしきものが引かれている。

昔常住寺十禅師円如。託宣有り。貞観十八年八坂郷樹下に移し奉る。其後昭宣公。威験を感じ。数字を壊ち運び。精舎を建立す。（官符文）

したがって、後代、説明のために書き加えがなされている部分もあるが、元の官符の部分は信用していいであろう。別に『東大寺雑集録』に伝えるところでは、承平四年（九三四）に興福寺僧円如が春日水屋を移して建立したといわれている。承平五年に昔、すなわち貞観十八年（八七六）に円如が

八坂に移したという記述とは年代的に相当の隔たりがあるものの、やむを得ない。観慶寺感神院は天延二年（九七四）天台の別院として延暦寺末となるまで（『日本紀略』『今昔物語集』巻三一―二四）、興福寺末であったことからみて、藤原基経が建てたということもうなずけるのである。祇園という名の起源説としては、牛頭天王が祇園精舎の守り神だという話などよりも、本当らしいと思う。

この官符を、承平五年（九三五）当時のものと考えると、観慶寺は薬師像に脇士菩薩像二体、観音像一体を安置して、五間檜皮葺《ひわだぶき》の神殿には、天神・婆利女《はりめ》・八王子を祭っていたことになる。祇園牛頭天王説話としては、時代的に少し早いように思うが、後述するように、牛頭天王が日本に上陸する以前から、朝鮮半島において蘇民将来《そみんしようらい》子孫の呪符が存在したらしいことを考えれば、すでに家族神の姿をとる祇園天神が存在していても不思議ではない。

いずれにしても、その九年前の延長四年（九二六）に修行僧が祇園天神堂を供養したと伝えられていること、後述するように、長保元年（九九九）无骨《むこつ》法師が大嘗会の標山《しめやま》のようなものを引いて、藤原道長が禁止したときも、いまだ祇園天神会といわれている。天神とは、すでに林屋辰三郎氏が指摘されたとおり、農耕神であったり、その祈雨のために雷神になったり、龍蛇神の信仰に転化したりするものであり、かかる天神が菅原道真と習合して怨霊になったように、怨霊＝御霊にもなるものであった。その御霊が疫神にもなるものであった。

しかし私は、このような一般的な御霊と、祇園牛頭天王説話に表現されるような疫病除災神とは、少し系譜が違うのではないか、と考えている。鎮送される神としての疫神が、性格転化されて疫病除災神となるのか、またははじめから新たな疫病除災神としての性格をもって登場するのか、ということは断定できないが、そこに一つの神格の転化があることを確認しておきたい。しかしそれにしても、この時期には、祇園牛頭天王も同じく天神といわれており、数多くある御霊会の一つであったのである。

村山修一氏は、「もとインドの土俗信仰の対象であった牛頭天王が、陰陽道と結びつき、宿曜道の星宿神として南都系密教の間に伝わり、これが新しい疫神の装いをもって洛東に進出した」とされ、「特定の冤罪者と結びつかない新たな方式の御霊神」とされている。当初から牛頭天王説話をもって到来した新しい神とされている。のちに述べるように、すでに朝鮮において、牛頭天王・蘇民将来説話は存在しているので、インド・中国・朝鮮を経て、到来したものかも知れない。インドの牛頭山とか、牛頭天王栴檀《せんだん》などの起源説があるが詳らかではない。中国社会科学院の陳暉氏の御教示によれば、ラマ教の「大威徳怖畏金剛」などの像は牛頭であって、畏怖させるもので、祭礼も牛頭の像を祭るものがあるらしい。

インドでは牛は神聖視されているが、それは雌牛とのことである。どこで雄牛に変わってしまったのであろうか。また、无骨法師が標山に模したものを渡したというように、山車《だし》の系統のものを初期から渡す祭礼形式があるが、インドのプリという聖地では、ヴィシュヌ神の権化のクリシュナ神の祭りがあり、ラタ・ヤートラーという山車巡行があり、祇園祭によく似ているとのことである（井狩・沖一九八〇）。

しかし、牛頭天王信仰の痕跡が、インド・中国・朝鮮に残っているか、どのような違いがあるか、どのような教説があるのかは、今後の比較史的考察に期待したい。

私としては、説話の起源や原型は、以上のように、外国にあると考えるものであるが、『神道集《しんとうしゅう》』や『お伽草子』の中世説話を読む時、日本でできた本地物《ほんじもの》が、多く天竺の話にしてつくられていることを考えると、説話としての展開は、日本でなされたと考えざるを得ない。そして、それが仏教・陰《おん》陽《みょう》道《どう》・神道との結びつきのなかで、複雑な発展を遂げたと考えられるのである。

それでは日本に入ってきた牛頭天王は、京都の祇園へ落ちつくまで、どういう経路をたどったのであろうか。それにはいろいろの説話がある。先にあげたように、鎌倉初期に全巻が成立していた『伊呂波字類抄』には、常住寺十禅師円如に託宣があり、貞観十八年に八坂郷に移り、その後昭宣公（基経）が数字を壊して運び、精舎を建立したと記され、「官符文」と書かれている。これからみて、『二十二社註式』に記されている官符は、すでに鎌倉初期に知られていたことになる。この説は前述の村山説にもっとも近いものである。

鎌倉末期に成立し、播磨国の状況を記した『峰相記《みねあいき》』の「広峰山事《ひろみねさんのこと》」の項には、吉備真備《きびのまきび》が入唐《にっとう》して帰朝の時、当山の麓に一泊したところ、貴人が夢うつつに出現して、吉備真備に唐から付いてきたといった。それが当山広峰神社の「牛頭天皇（王）」である。のち平安城に勧請したが、当山をもって本社というべし、と記している。すでに牛頭天王説話の巨旦《こたん》将来《しょうらい》や蘇民将来が登場していて、知られていることがわかる。西田長男《ながお》氏は、これは祇園社領広峰社が成立してからできた話であり、本末を逆転した説話とされている。

戦国時代の『二十二社註式』では、牛頭天王は最初は明石浦に垂迹《すいじゃく》（本地の仏が仮に示現すること）して広峰に移り、次に北白川東光寺に移り、元慶《がんぎょう》年中（八七七〜八八五）に観慶寺感神院に移ったとしている。

牛頭天王は託宣して顕現する神であるから、別に人間や物資のように、九州の博多から入って山陽道を上ってくる必要はない。村山氏のいわれるとおり、南都系密教に入ったかも知れない。西田氏のいわれるとおり、広峰が祇園社よりあとなのに、元であるようにつくったのかも知れない。縁起としてはそのように解する方が妥当だと思う。

しかし、広峰神社文書にある、貞治四年（一三六五）の父道永の遺言に任せて、道永の子、権別当長種が舎弟次郎左衛門入道にあたえた譲状《ゆずりじょう》を見ると、祇園社牛頭天王の神としての性格がわかるのである。すなわち、長種は、田畠・屋敷地・「所従」（下人）など、種々の所領を譲っているが、なかでも土地では広峰社贄《にえ》御供田と又五郎屋敷、および所従として、「憑童《つきわらべ》仏念、穢多《えた》童《わらべ》又五郎」が注目される。おそらくは、広峰神社の牛頭天王が託宣するために憑童仏念が存在しており、穢多童又五郎が贄として供犠される動物を屠って供えたものであろう。広峰神社の神事のためにこの二人は不可欠のものであったと思われる。

ここで思いあわすことのできるのは、『日本書紀』の雄略天皇の葬送の記事である。殯《もがり》にあたっては、宍人《ししひと》と尸童《ものまさ》が必要であった。宍人は供犠のための獣類の肉を供するものであり、尸童は憑童と同じく、死者の憑霊をさせるものであり、その伝統を伝えていると思われる。

さらにいえば、中国古代史の渡辺信一郎氏の御教示によれば、漢代、陵の側には廟があって、毎月一回、衣冠の遊行をさせるという風があったとのことである（狩野一九三九）。衣冠の遊行というのが、人形に衣冠をかぶせたものか、尸童か憑童のごときものかどうかはわからない。しかし、この話が雄略天皇の殯の習俗の記述の淵源であろう。そしてその習俗が、広峰神社の牛頭天王祭儀に及んでいることがわかる。

京都の祇園の牛頭天王の託宣は、憑童ではなく、「神子《みこ》」（巫女）であり、その点が異なっている。また、祇園社と広峰社とどちらが元かはわからないが、祇園牛頭天王祭儀とは、このような実態をもつものだと考えたい。詳しくは第三章と第四章に述べるところに譲りたい。

第二章　御旅所と神輿渡御

一　神輿渡御の成立

平安末期の院政期、祇園御霊会に大きな変化が現れる。御旅所《おたびしょ》の成立である。神の乗った神輿《みこし》が、洛中の人々の迎える御旅所に河東の祇園社から遊幸してくるのである。神輿に乗った神はこの御旅所に滞在して、洛中の人々のさまざまな芸能などの手向《たむ》けをうけて帰っていくのである。

現在の祇園祭でも、「神輿渡御《とぎょ》」といわれるこの部分については変わらない。平安時代（十一世紀）では、だいたい、神輿迎えといわれる神輿の御幸が六月七日にあり、十四日の還幸を御霊会といった。現在では神輿は七月十七日に山鉾巡行《やまぼこじゅんこう》が終わってから四時ごろに八坂の社殿を出発、練りまわして八時ごろに御旅所に入る。もちろん、行列のあり方も、行われる日時も、時代とともにずいぶん変わっているけれども、神輿渡御というあり方は平安期から現在まで、絶えることなく続いているのである。

さて、神輿迎えの初見は、今のところ、永長元年（一〇九六）の『後二条師通記《ごにじょうもろみちき》』の記述であり、有名な永長の大田楽《おおでんがく》の年であるから、十四日の還幸の御霊会についても、中御門右大臣藤原宗忠の『中右記《ちゆうゆうき》』や大江匡房《おおえのまさふさ》の『洛陽田楽記《らくようでんがくき》』に、実に詳細に書かれている。それについては後述したい。

十四日の御霊会の記述はもっと早く、天禄三年（九七二）、祇園社ではじめて御霊会が修されたといわれている。これは室町時代に著された『二十二社註式』という神道書に書かれていることで、天延三年（九七五）には、翌日の十五日の臨時祭に、朝廷ではじめて走馬《はしりうま》、勅楽《ちよくがく》、東遊《あずまあそび》、奉幣《ほうへい》がなされていることが、『日本紀略』『百錬抄』に出ているが、これも後代の編纂物である。しかし、天元五年（九八二）には藤原実資《さねすけ》が奉幣していることが『小右記』に見えるから、御霊会を修するということが、この時期にはじまっていたことを確実にしている。それにしても、これらの御霊会は祇園社において行われていたのであろうか。

長保元年（九九九）、前述したように、雑芸者の无骨法師が大嘗会の標山《しめやま》に似せたものを社頭に渡したという有名な話がある。无骨というのは骨無しという意味で、骨をはずせる軽業師のようなものをいうのであろう。これは仇名《あだな》で、実名は頼信といい、世間では仁安といったという。雑芸者というのはおそらく散楽師《さんがくし》であろう。時の施政者、藤原道長が禁じて捕縛しようとしたところ、雑芸者の无骨は逃げてしまった。ところが天神が大憤怒して祝師が礼盤《らいばん》より転げ落ちたり、そのあたりの下人に神託が下ったりの怪異があったという。この事件では、標山に似たものを社頭に渡したというだけで、必ずしも神輿が出たということの証明にはならない。しかもそれらはすべて、当時の史料には、「祇園天神堂」「祇園天神会」として記されている。当時の史料に「祇園御霊会」と「御輿《みこし》」が現れるのは、長和二年（一〇一三）、藤原道長が散楽空車《むなぐるま》を停止《ちょうじ》させたという有名なものがはじめてである。

師光朝臣云く、今日祇園御霊会御輿の後に散楽空車有り、しかるに左大臣殿仰せに依り、雑人数多出来《しゅったい》して、散楽人を打留む、（『小右記』）

というように、神輿のあとに、散楽空車が続いて渡御している有り様がわかる。散楽空車というのは、屋根のない車に散楽（猿楽）の芸能者が乗って、面白おかしい芸をしたものであろう。これは現在の山鉾巡行の山（山車）の起源ともいうべきものである。道長が禁止したのは、おそらく祭りが過熱するのを恐れたものであろう。神輿は、その九年前の正暦五年（九九四）の船岡御霊会のように、難波の海か、または近くの水辺かに流されたのか、あるいは祇園ではすでに御旅所があって、そこに安置したのかはわからない。しかしこの例から、御霊会には神輿は付随していて、渡御したものであることがわかる。

以上から見て、だいたい、十四日に祇園御霊会が営まれたのは十世紀後半、七日に神輿迎え、十四日が還幸の御霊会という形式が固定したのは十一世紀後半といえる。

二　御旅所の成立

さて神輿が迎えられて洛中に入り、一定期間そこに滞在して、帰っていくとすれば、その神輿の泊まる場所が必要である。それが御旅所であるが、御旅所というものはどういうかたちで成立したのであろうか。『祇園社記』の伝える文書によると、洛中の高辻東洞院《たかつじひがしのとういん》の助正というものの私宅を、御旅所として神幸するという神託が下ったという。神託が誰に下ったのか、文書では明らかではないが、おそらくは祇園社の巫女《みこ》に下った託宣であろう。祇園社の後園から蜘蛛が糸を引いていたので、所司《しょし》が怪しんで訪ねていったところ、助正の居宅に引きとおっていたという。それで所司などが奏聞して、助正を神主として、居宅を御旅所とするように、宣下されたという。時は天延二年（九七四）五月のことだといわれている。

元亨三年（一三二三）に書かれた社家の晴顕の「祇園社草創以来代々勅願次第」（『社家条々記録』）にも、高辻東洞院方四町を御旅所の敷地として助正から寄付され、「大政所《おおまんどころ》」と号し、天延二年にはじめて御霊会が行われて、当社一円進退の神領となったと伝えている。

天延二年というのは、祇園すなわち観慶寺感神院が天台の別院となった年（『日本紀略』）であり、翌三年には、天皇の去年の疱瘡の時の御願として、はじめて走馬・勅楽・東遊などを奉納し、奉幣している。それより以前天慶五年（九四二）にも天皇の走馬・東遊などの奉納があるが、これは兵乱鎮定のためのお祈りであった。去年の疱瘡のためといわれるように、天延二年は疱瘡流行の激しかった年であったことがわかる。このように画期となるべき年であるから、祇園社側にこの時期にはじまったとする何らかの伝承があったのであろう。

さて以上のように、御旅所を設定して、神の臨幸を迎えるということは、疫神信仰である祇園祭の神観念に対する大きな変化をあらわすものであった。そもそも祇園会をはじめとする御霊会は、疫神を追いやる祭礼であるから、疫神を乗せる神輿をつくって、それに神が乗っていると考えた。そしてこの神輿の前で、神をよろこばせるいろいろの芸能をして歓待し、供え物をして、神が満足したと見るや、どこかの水辺に流したのである。正暦五年の船岡山の例のように、神輿を難波の海に流しているようにである。

ところが、いつしか神輿を流さずに、御旅所をつくって安置するようになる。これは鎮送するものとしての疫神の観念が、そこにとどまって、自分たちを守ってほしいというかたちに変化していったといえるであろう。その神観念の変化については次章で詳述したい。

疫神なるがゆえに、朝廷は洛外で祭ろうとし、京中で祭ろうとする都市民との対立・妥協が、この祭り形式になったとする説（五味一九八四）もあるが、その基底には、神観念の転化があると思われる。したがって、本来「追いやらうもの」として河東の地に追いやった疫神と、市中に安置したいという町の住人たちの要求、その反対の要求の疫神を早く送り出したいという両者の妥協点、それが普段は河東の地にとどまっているが、一年に一度は御旅所に臨幸して、歓迎を受けて、町の人々の生活を守るという祭礼形式になったといえよう。

このように町の住人たちの、疫病から自分たちの身体や生活を守りたいという要望、そのための疫神信託をたくみに汲みあげて、その信仰の中心センターとなる御旅所をつくっていった人、それが助正であった。のちの時代に起こる助正子孫と祇園社との神主職任命をめぐる争論から、御旅所成立の経過を具体的に解明された瀬田勝哉氏が、「御旅所は在地の祭礼センター」と指摘されているのは、まったく賛成である。

助正は、町の人々の要望を汲みあげて、町の人々の先頭に立ち、率先して居宅を寄付して、神主職におさまった人である。助正は長者といわれるが、これはのちの時代の金持ちの代名詞としてのそれではない。長者というのは、「町の長《おとな》しき人々」などと当時呼ばれた、自治的な町の共同体の年長順構成のなかの年寄ら有力者であったろう（脇田一九八一）。祇園祭だけでなく、稲荷祭の御旅所も柴守長者という人の寄進で設定されたといわれる（近藤喜博一九五八）から、当時、御旅所を設定する祭礼の動きがあって、それらを担った人々の先頭に立ったのが、「町の長者」層であったといえる。居宅を寄進して、神主職に任じられるというのは、収益を確実にするための方法で、当時盛行した私領を権門に寄進する寄進地系荘園と同じ動きであった。土地を寄進して、下司職《げししき》など下級荘官の職権を留保する、いわば名をすてて実をとるやり方の宗教版といえるものであった。

以後、居宅を祇園社に寄進した助正とその子孫は、御旅所の神主職を認められた。神主職をもつということは、当然、御旅所にあがる賽銭、巫女の神楽《かぐら》や託宣ほかの収益の得分など、通常の神主同様の収益が入ったであろう。その上、祇園祭の場合は、のちに述べるように、馬上役という祭礼の頭役《とうやく》（神事の当番役）が出す祭礼費用三百貫文の半分を収益とすることができたのであった。

十六世紀を下らないといわれる「祇園社大政所絵図」には、大政所と称する御旅所に鎮座した天王と八王子の神輿、そして降臨した本地仏の文殊菩薩（八王子）・薬師如来（牛頭天王）・十一面観音（婆梨采女《はりさいじょ》）を拝む助正らしき人物が描かれている（徳田和夫一九九〇）。この絵図を子細に見ると、長《なぎ》刀鉾《なたぼこ》と伯牙山《はくがやま》が描かれている。伯牙山は一名、琴破山《ことわりやま》といわれて、中国春秋時代の話を山につくったものであるが、応仁の乱前から明応年間（一四九二〜一五〇一）再興後のものと、出す町内が少しずれているが存在する。後述するように婆梨采女神輿が鎮座していないことから、この絵図は、豊臣秀吉以前戦国時代のものとわかる。戦国時代にも御旅所の信仰が、相当盛行していて、祇園とは独自に絵解きなどがなされたことがわかるのである。

平安時代から中世まで、すなわち、豊臣秀吉が四条京極に御旅所を移して、一本化してしまうまで、御旅所はもう一つあった。冷泉東洞院の少将井《しょうしょうい》御旅所と呼ばれるものであり、婆梨采女の御旅所である。この御旅所の成立の契機は、残念ながらわからない。元亨三年（一三二三）に、祇園社感神院を統轄する社務執行《しゃむしぎょう》の晴顕が記した『社家条々記録』（『八坂神社記録』上）には、

　鳥羽院勅願（歟）

保延二年、冷泉東洞院方四町を旅所之敷地として寄付せらる、少将井と号し、婆梨女御旅所、

当社一円神領なり

と記している。しかし、永久五年（一一一七）、天承元年（一一三一）には祇園別宮少将井が炎上している（『百錬抄』）ので、すでに婆梨采女が神幸《じんこう》する少将井の御旅所があったことがわかる。文暦元年（一二三四）には、「祇園神輿入御例の如し、少将井の御殿在地人《ざいちにん》結構し、殊に修営を加う」と記されて、在地に居住している京童《きょうわらんべ》たちが計画して、御旅所を修理をしている有り様がわかる。大政所御旅所と同じく、在地人たちの信仰による自主的な設営がここでも存在した。

この少将井御旅所では、婆梨采女神輿は名水といわれた少将井の井戸の上に置かれたと伝えられる。その名は少将井の尼という『後拾遺和歌集』の作者である歌人の家で、神輿遊幸の日に、神輿をその園のなかの井戸の上にたまたま置いたのが、以後恒例となったと伝えている（『雍州府志《ようしゅうふし》』）。または少将井の尼が住んでいたから、少将井の御旅所といい（『山州名跡志』）、少将井神輿というのだと、江戸時代の地誌は伝えている。井戸の名の起こりや、尼の名と神輿の名とどちらがさきか、明らかではないが、名水・名井であったことはいうまでもなかろう。

河原正彦氏は、このことをもっと深い信仰的内意で理解するべきだとされて、婆梨采女は南海の龍王の娘とされており、疫病の蔓延が水と関係があり、霊水信仰、龍神信仰と御霊信仰が結合したものだとされて、疫神と龍神との結婚という説話による相関関係を指摘されている。

たしかに、水と疫病・疫神との関係が深いことは、すでに述べたように、最初に記録が残る貞観五年（八六三）の御霊会が神泉苑で行われていること、正暦五年（九九四）の船岡山の御霊会では神輿を難波の海に流していることからもうなずける。雛《ひな》流しのような、穢《けが》れを依《よ》りつかせたものを水辺に流す風習などと類似のものといえよう。

婆梨采女神輿が、内裏や院宮の御所の多い二条・三条の上辺に渡り、神泉苑の近くに遊幸して、祇園に帰ることとは、大政所とはまた違った信仰圏、在地の支持者をもっていたといえる。内裏や院宮のあたりを通るので、公卿の日記などに載ることが多く、平安時代では、祇園御霊会といえば、主として少将井神輿を指すと思えるぐらいのものなのである。のちに述べるように、祇園御霊会の特色の一つである、「駒形稚児《こまがたちご》」というものも、少将井御旅所に付属していて、婆梨采女神輿に随行するものであった。

現在の祇園の山町・鉾町といわれているのは、中世の町共同体の結合の祭りとなっていった山鉾巡行の町々であり、下京《しもぎょう》の町組として結集した町々の自治都市としての記念碑となっている。それ以前に存在した二条や上京《かみぎょう》の大舎人《おおとねり》などの山鉾は、応仁の乱以後、廃絶してしまった。少将井御旅所の近辺は、御霊社の氏子地域となっている。その上、近世以来、四条京極の御旅所に一本化してしまった。婆梨采女祭祀の独自性は失われたといってよい。婆梨采女は、牛頭天王の妻として、八王子神輿とともに、家族神の一つとして、渡御してくる存在にすぎなくなった。それは祇園祭の山鉾巡行が女人禁制の祭りになっていくような時代傾向と、揆を一にしている。中世にあった婆梨采女や少将井御旅所の信仰は、忘れ去られた、もう一つの祇園祭を示しているのである。

さて、霊水の話に戻すと、祇園社の宝殿のなかには、龍穴があるという話が、建保七年（一二一九）成立の『続古事談』にある。

祇園ノ宝殿ノ中ニハ龍穴アリトナムイフ、延久ノ焼亡ノ時、梨本ノ座主、ソノフカサヲハカラムトセラレケレバ、五十丈ニオヨビテ、猶ソコナシトゾ、保安四年、山法師追捕セラレケルニ、オホク宝殿ノ中ニ、ニゲ入タリケレバ、其中ニミゾアリ、ソレニオチ入タリトゾイヒケル

といわれている。

高原美忠氏の『八坂神社』によれば、本殿母屋の下に池があり、昭和四十七年（一九七二）当時には、セメントで蒲鉾型に覆いがしてあったが、昔は青々とした水を湛えているのがよく見えた、とのことである。鎌倉時代には底無しの池とされたものであろう。神輿を水辺に流すのと同じような信仰的な故事があったものと思われる。

三　神輿渡御の行列順路

永長の大田楽のころから、神輿渡御の七日の神輿迎えと、十四日の還幸の御霊会が定まったことは

すでに述べたが、このころより、渡御行列の順路も定まったと思われる。

『本朝世紀』康和五年（一一〇三）六月十四日条には、「先例の堀川を改めて、今年より三条大宮を列見辻《れつけのつじ》とす」の記事がある。この「列見辻」は、村落の祭礼で、御旅所をいう場合が多い。福原敏男氏は、勅使・祭使が派遣されて行列点検をする場所を列見と称することから起こって、それが祇園御霊会に摂取されたものであり、のち村落などへ伝播したとされている。まさに祇園御霊会では、大政所と少将井の神輿が集合する所が、列見の辻になっていて、行列点検の場所というのにふさわしい。これが堀川から三条大宮に変更になったということには、天下の祭礼としての性格転化が考えられる。

堀川は、先述の『社家条々記録』によれば、元慶三年（八七九）、天皇は御感のあまりに、「堀河十二町」の流れをもって神領敷地として下されて、材木商人たちを神人《じにん》に補せられた、左右方三百六十人である。これが最初の神領であり、根本神人《こんぽんじにん》であると記している。元慶三年という年は、少し古すぎるが、堀川材木神人が、祇園社に属し、根本神人として重きをなしていたこと、神輿渡御の浮橋を鴨川に渡したことは中世後期では明らかである。

『祇園社記』の康永二年（一三四三）の、社家が鎌倉時代に警察・裁判権を行使した所領を書き出したものによれば、鎌倉時代を通じて、五条堀川・錦小路堀川・四条堀川・六条坊門堀川などの犯科《はんか》人《にん》の家があげられていて、祇園社境内と同じ権限を行使しているのである。

これから見れば、堀川に列見の辻が置かれていたことは、この堀川の流れ十二町を所領としたとい

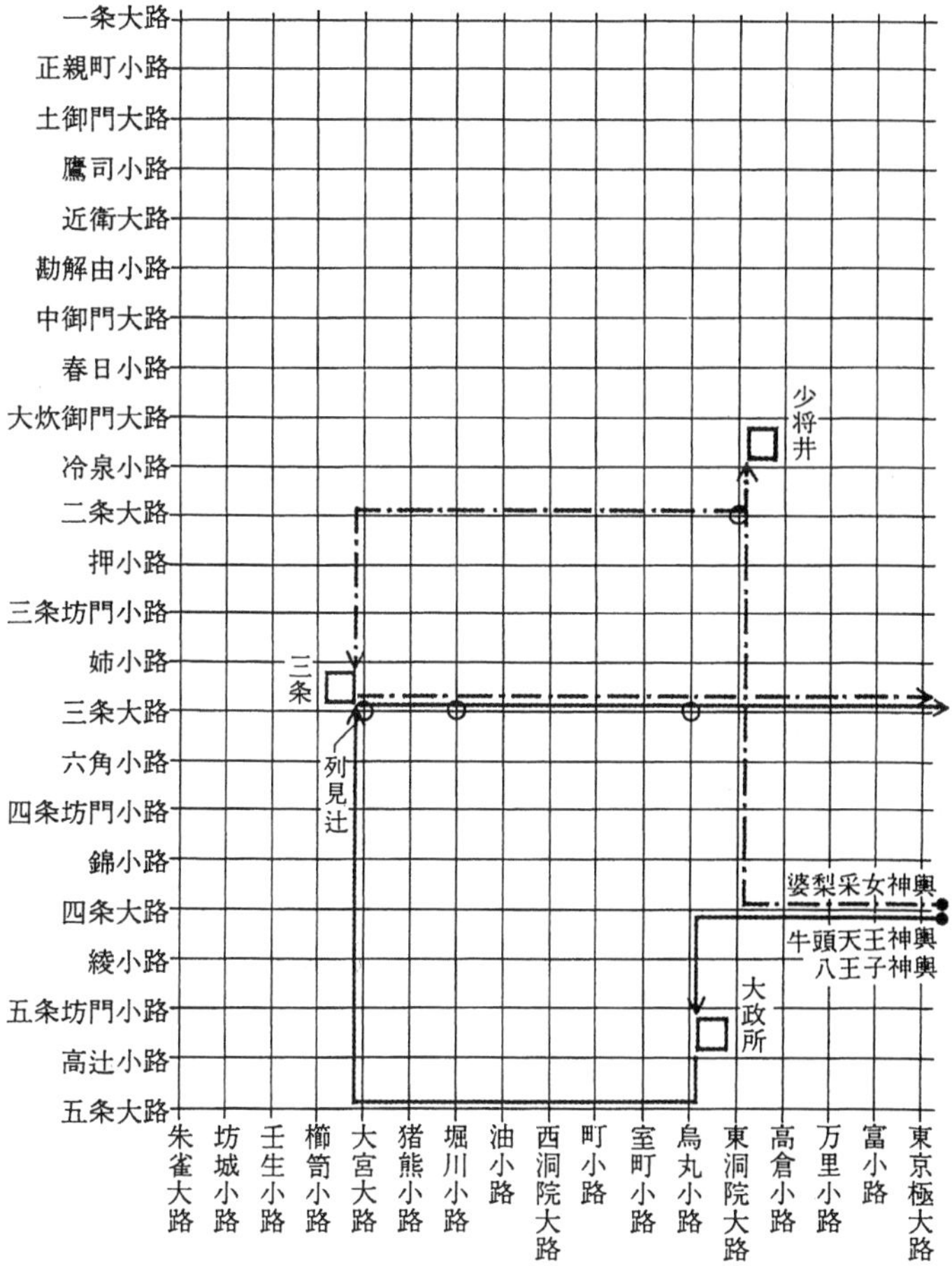

□：御旅所　○：貴顕の桟敷

第一図　神輿神幸路

うことと無関係ではなかったと考える。それが三条大宮の地に移ったことは、堀川の流れという所領内部に設定された列見の辻が、より大きな場に出ていったことを意味する。三条大宮は神泉苑に接した場所であるからである。

さてそれでは神輿の神幸路はどう渡ったであろうか。はるか時代は下るが、応仁の乱によって、途絶えた祇園会を再興するために、幕府侍所の松田頼亮《まつだよりすけ》が書き留めた神幸路は、第一図のごときものであった。すなわち、祇園社から出てきた三基の神輿は、四条大路を西行、婆梨采女は東洞院の辻で北行して冷泉まで行き少将井の御旅所に入る。大将軍（牛頭天王）と八王子の神輿は、烏丸《からすま》の角から南行して高辻東洞院の大政所御旅所に入る。還幸は、婆梨采女の神輿は二条まで南行して、次に西行して三条大宮の御供所とか又旅所《またたびしょ》といわれる列見の辻に来る。牛頭天王と八王子の神輿は、御旅所を出て烏丸通りを南行、五条から西行して大宮まで行き、今度は三条まで北行して、同じく三条大宮で婆梨采女神輿と合体する。三基そろった神輿は、三条通りを並んで、三条の又旅所（京極寺社）まで行き、やがて祇園社へ還幸する。

これは三百五十年ものちの巡行路であるが、平安時代と同じ巡行路と思われる。それは神輿渡御を見物する貴顕の構える桟敷によってわかる。大治四年（一一二九）には、三院（院・新院・待賢門院）が三条烏丸に桟敷を構えて見物している（『中右記』）。長承二年（一一三三）、院・女院が前斎院御所の三条京極殿で見物をした。『山槐記《さんかいき》』の記述によると、治承三年（一一七九）六月十四日の御霊会では、後白河院は三条室町に桟敷を構え、関白藤原基房は三条南東洞院に桟敷を構えて見物している。神輿が三基そろって三条通りを渡る還幸の御霊会が、もっとも見物人の多い祭りであった。のちに述べるように、『年中行事絵巻』の祇園御霊会が、三条大宮の列見の辻からの還幸の場を描いていると思うのである。

さて神輿渡御は、六月七日の神輿迎えより、十四日の神輿が還幸する方が、御霊会と呼ばれて盛大であった。貴顕の見物もその日の方が多かった。天皇、院、女院、宮などが馬長《うまおさ》といわれる華やかに着飾った騎馬のものを寄せて、神輿に随身させたことは、次の節で詳しく述べたい。天皇も院や摂関家と同じく御霊会の翌日の臨時祭に奉幣や、東遊・走馬などを奉納しているが、神輿渡御を見物している史料は管見では見当たらない。しかも、神輿渡御が皇居近くを過ぎる時、天皇は神輿を避けて方《かた》違《たが》えをする習慣さえできるにいたった。

応徳二年（一〇八五）、白河天皇が東洞院三条殿におられた時、御霊会の神輿は四条を通った。しかしそのあとほどもなく、その三条殿で中宮が死去したので、それ以来、天皇は神輿を避けるという慣例になったという（『長秋記』）。長承三年（一一三四）六月七日の神輿迎えでは、天皇は内侍所とともに行幸し、中宮は行幸しなかった。十四日の御霊会では、少将井神輿は烏丸二条を西行したので、東洞院の陣前《じんのまえ》を通らず、行幸はなかった。翌年は神輿を避けて前夜に行幸となっている（『中右記』）。

それについては、相当の議論がなされ（『中右記』）、去る永承元年（一〇四六）には、後冷泉《ごれいぜい》天皇が三条殿を皇居としていたが、神輿迎えの時に、それを避けて行幸するということはなかった。一例の凶事でもって、長い間の前例をくつがえすのかという非難もあった（『長秋記』）。しかし、このことは慣習化して、その後、少将井の神輿が皇居の近辺を通る時、天皇は避けて行幸する、または神輿が違う道を渡るということになった。天皇はなぜ、神輿を避けるのか。中宮の死去は、神輿の霊異のなせるわざと思われたのであろうか。

天皇行幸のゆえもあって、少将井の神輿の動静が公卿たちの日記にしきりに記されるようになった。しかし、それだけではなくて、少将井殿、すなわち、婆梨采女は霊異のある神と思われていた節が強い。公卿の日記を見ると、婆梨采女が「動揺」したなどの記事が頻出する。寿永二年（一一八三）少将井神輿と師子（獅子）二頭が「動揺」したという。建久二年（一一九一）には、本社内陣西間に置かれていた婆梨采女の御正体が上長押《うえのなげし》より落下した。同七年にも動揺し、承元二年（一二〇八）には、大飛礫《おおつぶて》を打つように鳴動したという（『続左丞抄《ぞくさじようしよう》』）。

これは感神院所司から言上したものが官務壬生《みぶ》家の文書に残ったものである。源平争乱から鎌倉初期にいたる二十五年間に集中しているから、やはり動乱期の世相を反映してのものであろう。「婆梨采女の動揺」というものが、何を表現しているのか、極めたい問題である。

四　祇園御霊会の神輿渡御列

藤原道長は長保元年の雑芸人の无骨法師の事件以後、五年後の寛弘元年（一〇〇四）から、六月十五日の臨時祭に奉幣し、神馬などを奉納するのを恒例としている。散楽空車の事件の翌日の十五日にも、道長は神馬・十列《とおつら》（十頭によって行われる競馬《くらべうま》）を奉納して社参している。雑芸人の无骨法師の事件で神威を示されて恐ろしくなったのか、祭りが加熱化するのを恐れただけで、もともと信仰深かったのかはわからない。しかしこのころ、祭礼が過熱化して整備されてきた事情がうかがえるのである。

ところが延久二年（一〇七〇）十月十四日に、祇園感神院は、大回廊・舞殿・鐘楼すべて焼けてしまったという。のちの日記である『玉蘂《ぎよくずい》』承久二年（一二二〇）四月十四日条に引かれた当時の記録によると、十月二十七日、官使が調べたところでは、牛頭天王、婆梨采女の御体は大壁に埋もれながら無事で、天王の御足が焼け損じ、八王子四体、蛇毒気神《じやどつき》、大将軍御体が焼亡したという。このことから当時、牛頭天王説話に基づいた牛頭天王・八王子の御神体が祭られていたことが明瞭にわかるのである。のちに述べるような、家族神の形態を取る「牛頭天王神話」も成立していたと考えられる。

前述したように、永長の大田楽で有名な永長元年（一〇九六）には、六月七日に神輿迎えが明記されており、十四日には御霊会、十五日には臨時祭と、のちの中世の時代と同じ祭りの形式が明確に見られる。七日に御旅所に遊幸した神輿は、十四日に還幸して、十五日には天皇はじめ貴族の奉幣を受けたのである。

さてそれでは、御輿渡御の行列はどのようなものであったであろうか。例えば、『中右記』の大治二年（一一二七）六月十四日条の伝える祇園御霊会は、

祇園御霊会、四方殿上人、馬長童、巫女、種女、田楽、各数百人、此の外、祇園所司僧、随身数十人兵《へい》、供奉《ぐぶ》す、舞人十人、使は唐鞍《からくら》に乗り、凡そ天下の過差《かさ》勝計《しょうけい》すべからず、金銀錦繡風流美麗記し尽くすべからず、両院、按察《あぜち》中納言の三条室町桟敷にて、御見物と云々

と書かれているように、白河法皇、鳥羽上皇、待賢門院、崇徳天皇の四方からの殿上人の奉納する馬長童、巫女、種女《たねめ》、田楽、各数百人という行列であった。このほか、祇園の所司僧が数十人の兵を随身して供奉し、舞人十人が続き、「使」（検非違使か日使《ひのつかい》か）が唐鞍に乗って進む、およそ天下の贅沢はこれにすぐるものはないほどで、「金銀錦繡風流美麗」、書くことのできないくらいである。両院（白河法皇・鳥羽上皇）は、按察中納言が三条室町にしつらえた桟敷で見物なさった、というものであった。

馬長というのは、「うまおさ」と読んでいる。美々しく着飾った騎馬の童が何人も続くのである。清少納言も『枕草子』で、「心地よげなるもの」として「御霊会の馬の長」としている。これは殿上人が、天皇・上皇などの命令によって祇園会に花を添えるために、自分の小舎人童《こどねり》らを騎馬で供奉さ

『年中行事絵巻』馬長と﨟の図

せるのをいうのであり、盛儀の時は何十騎と続いて華やかなものであったらしい。二年後の大治四年には、馬長童は五十人出ている（『中右記』）。これは院や女院などが支配下の殿上人に命令して、仕立てさせるものであった。長承三年（一一三四）には、女院の仰せで馬長童を出立させた藤原師仲は、その童に酒肴料の米一石を文給している（『山槐記』）。当時、童といったのは必ずしも子供という意味ではない。元服をしない身分のもので、小舎人や牛飼童など、貴族に仕える小者をいうのである。「京童《きょうわらんべ》」とはかかる人たちであり、京都の町人や市民の源流であった。しかし、この馬長童の場合は、やはり少年が多かったのではあるまいか。

例えば、久安五年（一一四九）の六月十四日の御霊会について『本朝世紀』では、

内、一院、新院、三所の殿上人、馬長を調し献ず、一院、押小路御所において馬長をご覧ず、（中略）

銅薄《あかのすすき》を以て、花を造り腰に挿す。

と書かれている。

もっと詳しいのは、『兵範記《へいはんき》』仁安二年（一一六七）六月十四日条で、

小舎人童、馬長に乗らしむ、

童装束、女郎花狩襖袴《おみなえしかりあおばかま》、山吹《やまぶき》の打衣《うちぎぬ》、藍摺帷《あいずりのかたびら》、毛沓《けのくつ》、綾藺笠《あやいがさ》、桔梗《ききょう》を腰に差し、花薄《はなすすき》様の扇、

馬（左衛門佐白葦毛）、移鞍《うつしくら》（猶和鞍《やまとぐら》を用うべきか）、物具《もののぐ》常のごとし、礲《くちとり》二人、香裏白狩襖袴《こううらしろかりあおばかま》、

白帷、

童未だ召し仕わず、よって左衛門佐の童を用う。

とあって、筆者の平信範《たいらののぶのり》は小舎人童を使っていないので、左衛門佐なるものの童と馬をかりて調進している。その行粧《ぎょうしょう》は、女郎花色の狩襖袴、山吹色の打ち衣、藍色を摺模様にした帷をきて、毛沓を履き、綾藺笠をかぶり、桔梗の造花を腰にさして、花薄の模様の扇をもつという華美な装いであった。礲は馬の口取りであり、左右に二人いる。

五味文彦氏が紹介された、鎌倉初期に書かれた新日吉祭の馬長の行粧も同様のものであるが、綾藺笠には山鳥の尾を挿し、腰には薄様の花をさして、帯剣である。

春日若宮の御祭《おんまつり》に、山鳥の尾を綾藺笠に挿した「ひとつもの」の童が出るが、あの風俗が馬長に近い。だから、馬長と「ひとつもの」は同じものと考えられ、混同されることが多かったが、福原敏男

氏は、「ひとつもの」は風流《ふりゅう》であり、当時、馬長の行粧が人気を博したので、地方に伝播したのだと結論している。

この馬長は、有名な永長元年（一〇九六）の大田楽の時の祇園会には、「院蔵人町童《いんのくろうどちょうわらべ》七十余人、内《うち》蔵人町童三十余人」（『中右記』）と記されて、院や内裏の蔵人町から出た馬長だけでも百人余りであったという。仰せで出すのだが、それにも自主性が働いて、源平動乱時には、たちまち減少し、わずか八騎といわれている。それを見るとやはり永長の時は祭りが盛大であったことがわかる。

すでに五味氏によって紹介されたように、承暦四年（一〇八〇）、天皇の命令で蔵人町から馬長に出た童は、宣旨によって、ことに華やかに風流を施し、競い合って渡ったという。しかもその黼は、「世に知られたる京童雑色」であったという。「京童の口ずさみ」などといわれた人々が、貴顕に仕える美しい小舎人童などの介添え役の黼として、また従者として登場して、行列の華やかさを添えていたのである。藤原明衡《あきひら》作といわれる『雲州消息《うんしゅうしょうそこ》』（『明衡往来《めいごうおうらい》』）には、日吉祭の馬長である「頭中将小舎人童」が出て、その黼には、当時、町で高名だった男たちが従ったとしている。

次の「巫女・種女」であるが、神輿に神が乗って遊幸する以上、神の託宣を聞くべき巫女が付き添うのは当然のことであった。後述するように、『年中行事絵巻』の「祇園御霊会」の場面でも、神輿の横に馬上の巫女が付き添っている。室町時代には巫女も輿に乗って、神輿渡御に加わっていた。

種女というのは、田植の風俗である。当時、貴族たちが田植御覧の場合には、必ず田楽が奏せられ

『年中行事絵巻』神輿と巫女の図

るのが恒例であった（能勢一九三八）。大治二年（一一二七）五月十四日には、両院（白河・鳥羽）と女院（待賢門院、崇徳母）が、鳥羽殿で田植興《たうえのきょう》を尽くされたが、種女は二十二人で、その装束は金銀錦繍で、その華美さは記すことができないほどだ、と『中右記』は書いている。『長秋記』はさらに詳しく、彼女らは、赤の水干《すいかん》・紺の帷子《かたびら》、黄色の生絹《すずし》の裳《も》をきて、檜笠《ひがさ》をかぶって、御前に向かって並び立って、苗を植えたという。大《おお》田植《たうえ》のようなものを、綺麗な装束で美しい女たちが繰り広げるものであったらしい。それが終わったのちには田楽や散楽が行われている。この種女が神輿渡御に加わるのは、おそらくこのような華美な装束で、田植の動作をしながら、大路を練り歩くのであろう。田楽が続いているのは、やはり種女と田楽は一対のものだからであろう。数百人というのは必ずしも専業者ではなく、そういう扮装をして、「お渡り」といわれた行進をするのである。

『年中行事絵巻』散手の図

さて、永長元年の場合では、一般の田楽に「五十村」の人数が出たといわれる。村というのは、今の阿波踊の「連《れん》」のような小集団と考えていいであろう。自主的に出てくるものもあろうが、これも貴族などが奉納するものも多かった。例えば、平清盛は、久安三年（一一四七）宿願成就のために田楽を奉納して、その田楽の人々が社家下部《しもべ》と喧嘩を起こしている。

次には、祇園所司僧が数十人の兵を随身して供奉した神輿のあとに舞人十人が続く。舞人はもちろん舞楽の舞人である。同じく『中右記』康和四年（一一〇二）六月十四日条に、「今年初めて舞人十人有り」とある。『年中行事絵巻』に散手《さんじゅ》を舞いつつ行進する絵があるが、そのような舞人も、この十二世紀初頭から参加することとなったのである。

その次に「使」が唐鞍に乗って渡る。これは大変な贅沢だ、といわれている。華美な唐鞍に乗った「使」とは何であろうか。この「使」が記録に見られるのは、管見のところ、康和五年（一一〇三）六月十四日、「祇園御霊会の間、使、舞人、競馬等」と記されているのと、この記述だけである。この「使」も、このころより参加することとなったのがわかる。祭礼の形式は、活気を帯びているほど、どんどん変わるものなのである。

祭りの使として連想されるのは、春日若宮御祭の日使《ひのつかい》である。離宮八幡宮など日使の立つところは多いが、福原敏男氏はその具体的な祭礼の経過の解明から、日使とは奉幣使だといわれている。さすれば、奉幣使か、それをかたちどった風流であろう。唐鞍に乗り、贅美を尽くしたといわれるのからいえば、のちの馬上役の頭人が綺羅を飾って神輿について渡る淵源はここに見られるのである。

五　永長の大田楽と祇園会

さて、永長の大田楽について、もう少し詳しく見よう。この大田楽が、祇園会を契機にしてはじまったといわれるからである。永長元年（一〇九六）の六月十二日、当時、右中弁で、のちに検非違使《けびいしの》別当《べっとう》（警察長官）、右大臣などを歴任した『中右記』の筆者、中御門藤原宗忠は伝える。

此の十余日間、京都雑人田楽を作して互いに以て遊興す。なかんずく昨今、諸宮諸家の青侍《あおざむらい》下部《しもべ》等、皆以て此の曲を成せり。昼は則ち下人、夜はまた青侍、みな田楽を作して道路に満ち盈《みみ》つ。

高く鼓笛の声を発して、已《すで》に往反の妨げを成し、未だ是非を知らず、時の夭言の致す所か。事を祇園御霊会に寄せて、万人の田楽、制止する能わざるなり。

この六月に入ってから、祇園御霊会を口実に、京都の庶民たちが田楽を遊興して、うるさくって仕方がない。なかでも熱心なのは、宮様や権門の家に仕える青侍（身分の低い侍）や下部（下僕）たちで、昼は下部たちが、夜は青侍たちが田楽をしながら道路を行進して、交通妨害をする。これは流言飛語にまどわされた結果で、万人がする田楽なので制止することができないのだ、と嘆いている。

その後、祇園御霊会が終わって七月になっても田楽はますます加熱してやまず、七月十三日に宗忠はまた、日記に書きつける。

天下の貴賤、毎日田楽を作し、或いは石清水・賀茂に参り、或いは松尾・祇園に参る。鼓笛の声、道路に盈《み》ち溢《あふ》る。これ神明の好む所を万人この曲を作すと称す。或いは夢想の告げあり、俄に作す輩あり、世間の妖言を人々相好み、誠に水火に入り、天の然らしむるか。事すでに高きに及ぶ、ただし是非如何《いかん》を知らず。

夢想の告げとか流言飛語がはなはだしく、どんどんエスカレートしていくさまが書かれている。それに冷たい宗忠も、それが院宮や高位の人々にまで、飛び火してなんともなす術がないといった有り様である。それ自身が、流行病のような熱狂ぶりであった。

『百錬抄』には、それが殿上の侍臣にまで飛び火して、禁裏・仙洞も田楽以外は手に付かない。侍臣・儒者・庁官まで田楽をしている、と伝えている。

一代の学者といわれた大江匡房は、『洛陽田楽記』を著して、京都の人はすべて狂っているようだ、とその有り様を伝えた。その田楽は、「高足一足《たかあしいっそく》、腰鼓振鼓、銅鈸子《どうびょうし》編木《ささら》、殖女《うえめ》春女《つきめ》の類、日夜絶える無し」といわれている。公卿から各官衙のお役人までがまじって、寺や町々に満ちて、狐がついたのであろうと匡房はいう。その装束は贅美を尽くして錦や刺繡の衣装で、金銀を散りばめた飾りを付けている。富める者は産業（財産）を傾け、貧者はもちろんのことだ。

ここに上皇の愛娘、郁芳門院《いくほうもんいん》がこの田楽に熱狂してしまった。侍臣たちは、舞楽の「陵王《りょうおう》」や「抜頭《ばとう》」などの舞を奏し、朝臣は老年も省みずに曼蜒《まんえん》の戯れをしたという。法令に違反して贅沢な摺衣（摺箔の着物）をきて踊った。ひどいことに、権中納言が九尺の高扇を捧げたり、裸に赤い衣を腰に巻いて髻《まげ》を放して田笠を頂いたりなど、奇怪な扮装をした殿上人が、六条と二条を往復するので、路上は混乱したという。まるで仮装舞踏会が路上に出現したようなものである。

ところが興奮のあまりか、郁芳門院が間もなく病気となり、いくほどもなく二十一歳の若さで崩御されてしまった。田楽を御覧になった戸から、御葬送の車が出ていくこととなった。これは妖異の兆すところで人力では制止できないと匡房は嘆くのであった。

どうして人々はかくまで熱狂したのであろうか。宗忠も匡房も、妖異・妖言によるとしている。誰かの人為的な作為によらず、どこから起こってきたかわからないで、人々が熱狂していく時の勢いは、施政者にとっては気持ちが悪く、恐ろしいものであったに違いない。それに高位高官まで、そして院や女院まで巻き込まれてゆき、御機嫌を取ろうとするものたちがさらにエスカレートするのだから、不安な気分になるのは当然であろう。以後、田楽熱狂は不吉な例とされた。

『付喪神草子』一足の図

この大田楽の熱狂は、民衆の政治に対する批判、抵抗の手段であると、歴史学では捉えてきた。戸田芳実氏は、この年に起こった一連の事件の経過から、この永長の大田楽が民衆の抵抗運動だと捉えている。それは、この年三月、摂津の住吉神社の神主の津守《もり》国基が、のちに「住吉堂」といわれた大伽藍を建て、僧侶や楽人を都から招いて大法会を行った。結縁《けちえん》しようと集まった群衆を、親戚の検非違使尉が下部を使って追い散らしたところ、老若男女数十人が池に入水自殺をした。それを知らない僧侶や楽人が禁裏に出入りしたので、禁裏中が死穢に触れてしまったという。それで、四月八日の松尾《まつのお》祭が延引となった。しかし民間では松尾明神は祭りの延引を望んでいないという童謡《わざうた》が広まり、人々は禁令を無視して、田楽をはじめて「鼓舞歓呼」しながら、松尾社に参ったというのである。

たしかに松尾祭は、それに続いて六月はじめから高揚してくる祇園御霊会を契機としてはじまる大田楽の前哨戦ともいうべきものであった。そして、禁裏朝廷をはじめとして、「院宮諸家」と称される院・女院・宮たちや、高位高官の家々に仕える人たち、また社寺の神人《じにん》・寄人《よりうど》とよばれた人々、これらの人々が京都の住人の主要な部分を構成していた。「雑人《ぞうにん》」といわれ、今でいえば「民衆」というべき人は、こういう人々であった。その人々が、はやりの童謡に神の啓示を聞いて、禁令を犯して祭礼に乗り出す。そしてあっという間に、その高揚は人々を興奮の坩堝《るつぼ》に追い込んでゆく。民衆の声なき声が、神の啓示として顕現化して、社会的興奮を沸き起こすのである。たしかに屈折した、しかも華々しい弱者の抵抗の手段であった。施政者が政治的な凶事の前兆と見たのも故なしとしない。高取正男氏は、古代末期、新しい中世の社会秩序が未成熟であった時期に、「価値の転倒を含む宗教的高揚が、諸矛盾の鬱積した社会全般の精神的カタルシス（浄化作用）の意味をもってしばしば突発した」としている。

私がこれらの説につけ加えたいことは、「諸矛盾の鬱積した社会」の具体的なあり方である。神の怒りというかたちで認識される疫病の蔓延や、天災地変などの民衆の生活を脅かすものに対する不安が、かかるかたちを取って現れるのである。疫病の蔓延も天災地変もすべて人間に対する神の怒りと認識された。牛頭天王の怒りによって、人々は疫病によって死に、牛頭天王への信仰と善行によって疫病から守られるというように、個々人の善行・悪行にもかかわっている。しかし、より責任を追及されるのは、施政者であるのは当然である。その意味においては、こういう動きを抵抗運動の一種と見ることは可能である。

書道における三蹟の一人、『権記《ごんき》』の著者である藤原行成《ゆきなり》は、長保二年（一〇〇〇）六月の疫病の流行、大火の発生、応天門の破壊などで、訛言《かげん》が多く出て、妖孽《ようげつ》（災い）が多いのはなぜかと問い、一条天皇は寛仁の君で徳が高いが、愚暗の人が政治を取っていて、信賞必罰が行われないからだと、時の施政者の藤原道長を皮肉っている。

大田楽について、宗忠も匡房も妖異・妖言と捉えたが、それも施政者の不徳が引き起こすこととなるのである。宗教的熱狂に興奮せず、妖異・妖言と捉える人々、疫病などの社会不安をひたすらに恐れ、宗教的熱狂の坩堝に身を投じる人々、それぞれの認識は、このように大きく違っている。いずれにしても、その社会的興奮をもたらすものの根源は、施政者に対する政治批判であることは間違いないのである。

以上のような、永長の大田楽という京都の貴族も庶民も巻き込んでの大騒ぎが、祇園御霊会に事寄せてのものであったから、祇園の尊崇は倍加したようである。同年の十月には、天皇の玉体不予（病気）の治癒のための御願《ごがん》によって造塔の宣旨が下り、翌年には行幸があって、祇園社中の封戸五十烟（五十戸分の貢納物）が寄付された。そのまた翌年には成功《じょうごう》（造宮などの功績で宮位をもらうこと）でもってつくられた多宝塔が西大門のあたりに聳えたつこととなった。

六　『年中行事絵巻』の祇園御霊会

後白河院の命令によってつくられた『年中行事絵巻』には、「御霊会」と付箋のあるものが、祇園御霊会ということになっていたが、最近、五味文彦氏は、この付箋は江戸時代のもので信用できない、これは今宮祭であろうと考証された。その第一の理由は、絵巻のなかに御旅所が片づけられる場面があることで、祇園社の御旅所はたびたび火災で焼失しているのから見て、恒常的な建造物であることは確かである。それにひきかえ、今宮祭は毎年、御旅所が移動していたことから、『年中行事絵巻』のなかの片づけられている御旅所が符合するということである。第二としては、馬長が描かれていないということで、全体に御霊会の華美さが見られないという点、第三に細男《せいのう》が描かれているが、御霊会の細男に関する『栄花物語』の記述は、別に祇園に限らない、などの点に求められた。

ところで、中央公論新社版『年中行事絵巻』を編集された小松茂美氏は、これを祇園御霊会の還幸の御旅所から列見の辻に向かうところとされており、それをふまえて福原敏男氏は、その片づけられている幄舎《あくしゃ》は列見の辻で見物する人々のためにつくられたものとされている。

たしかにこの幄舎は、臨時のものとしても御旅所というにはお粗末である。仮設のものでは、現在でも春日若宮御祭の御旅所があるが、杉の木のつくりの小屋である。この絵巻のものは、いわば天幕

『年中行事絵巻』小将井神輿、駒形稚児、細男の図

張りであって、やはり列見の辻で見物する天幕にふさわしい。私は福原説に賛意を表したい。ただし、小松氏が「御旅所から列見所に向かう光景」とされたのはどうか。三節の第一図に書いたように、御旅所から列見所までは、大政所からと、少将井の御旅所からの三基の神輿は、一緒に動くことはなく、列見所ではじめて一緒になるのである。したがって『年中行事絵巻』の神輿渡御列は、貴顕の見物の多かった列見所の三条大宮から三条通りを東行するところを描いたものと見たい。

岡田荘司氏は、第一に、神輿三基はどの祇園祭礼の絵図も、鳳輦《ほうれん》、葱花輦《そうかれん》、鳳輦の順であり、今宮祭は、先神輿は葱花輦、中神輿は鳳輦、大宮神輿は鳳輦と異なっていることから、この絵図は祇園御霊会だと主張されている。江戸時代以前は、神輿は大宮（牛頭天王）・八王子・少将井（婆梨采女）の順に渡御し、大宮・少将井は鳳輦で、八王子が葱花輦であった（高原一九七二）。第二に、神輿三基に続いて「駒形稚児」が描かれていることから、やはり『年中行事絵巻』の当該部分は「祇園御霊会」を描いたものとされている。

駒形稚児とは、春駒様の駒頭を胸に掛けた稚児が馬に乗って供奉するもので、現在の祇園祭でも近郊の上久世《かみくぜ》（現在は京都市）から神輿渡御に参加している。これについてはすでに、河原正彦氏の研究がある。氏は江戸時代には上久世村から祇園祭に出てきて、「天よりの降し物にて祭礼第一の神宝といへり」（『東牖子《とうゆうし》』）と書かれている祭礼に供奉する駒形稚児と、中世祇園社の文書に出てくる「少将井駒大夫」が、「きおん（祇園）の御こま」を質入れして問題となった「御こま」とに連関をつけられた。この御駒は、少将井神輿に供奉するものであった。「少将井駒方座中」というものもあり、駒形神人というものもあった。その詳細は後章で述べたいが、ここでは最後に渡る少将井神輿に随行して、駒形をつけた稚児が描かれていることによって、祇園御霊会を描いたものとする説に賛意を表したい。ただし、当時の祭りはどれも似た面が多い。「駒形稚児」というものの他の祭礼での有無が問題となろう。

御霊会の細男の問題であるが、白装束（白丁《はくちょう》姿）で、腰に鼓をつけたものと、笛を吹くもの、舞を舞うものなどがある。『栄花物語』「わかばえ」には、「御霊会の細男のてのごひ（手拭）して顔隠したる心地するに」という有名な箇所がある。たしかに、五味氏がいわれるとおり、御霊会といっても祇園祭とは限らない。紫野の御霊会では、寛弘二年（一〇〇五）「十列細男已《すで》にその数有り」と記されているが、祇園会では不思議なことに、なぜか記録にはあまり出てこない。春日若宮御祭では、今も「細男」が演じられている。畿内と豊前宇佐の人形の「細男」については、福原氏の詳しい研究がある。氏は京都・奈良など畿内の御霊会で成立した細男舞が、蒙古襲来を契機に宇佐に伝播したものと考えられている。

さて祇園会の細男であるが、細男は海に関係があり、清め、祓い、悪霊の除去と関係があるといわれる（後藤一九七六）。私はこの細男が、龍王の娘といわれ、少将井という井戸の上に安置されるという少将井の神輿、駒形稚児に続いていることから、これを祇園会と見ることに妥当性を感じるのである。

しかし、祇園御霊会と違うところも見受けられる。現在の神輿のかたちは、大宮は屋根が六角で飾《かざり》鏡《かがみ》が六方に三面ずつ掛かっていて十八面、少将井は屋根が八角で鏡が二十四面、八王子は屋根が四角で、四方に二行に掛けて二十四面掛かっている（高原一九七二）。『年中行事絵巻』の図は、すべて屋根が四角で、鏡は三面で四方合わせて十二面である。また、後述するように、後白河院が奉納した鉾は「鎌鉾《かまぼこ》」三張であるが、絵図は剣鉾四張である。獅子は三頭であるが、院は七頭の獅子を奉納したという。絵巻という性格上、獅子を全部描くとは限らないが、『年中行事絵巻』は後白河院の命によって、承安から治承の間（一一七一～八一）に成立したと推定されているから、おそらくは、後白河

『年中行事絵巻』田楽の図

院が寄進した神輿三基、獅子、そして保元の鎌鉾が描かれたに違いない。その点に少し疑問が残るのである。

以上のように考えると、はたして『年中行事絵巻』の当該部分は「祇園御霊会」を描いたものかどうか、何とも決めかねるところもあるが、私はやはり、「祇園御霊会」を描いているのだと考えたい。五味氏の紹介された鎌倉初期の『参軍要略抄《さんぐんようりやくしよう》』には、後白河院の創設した新日吉祭も、今宮祭の馬長と行粧が変わらないことが書かれている。とすれば、この絵巻が「祇園御霊会」とは違っていたとしても、平安末期の御霊会のおおかたの有り様を示していると見ることができる。

さて後白河法皇は、祭礼には特に熱心で、承安二年（一一七二）には、神輿三基、獅子七頭を寄進したと『百錬抄』に記されている。『祇園社記』には安元二年（一一七六）上皇御沙汰があり、伊豆守大江通資《みちすけ》が奉じて調進したと記されているものがある。御霊会の当日は見物し、馬長をたくさん出すように仰せがあったので、馬長の数が例年より多かったと記されている。

しかし、『玉葉』の伝えるところでは、後白河院姉妹の八条院と高松院も今年から馬長を出さないことにした。理由は出家しているからだという。これを前例として出さないことにしたところも多かったらしい。源平争乱前夜の寿永元年（一一八二）では三院の馬長あわせて三十騎が出たが、「面々難渋」と伝えられている（『吉記』）。翌二年には八騎しか出なかったという。祇園会の盛りはやや過ぎたかの感がある。

『祇園社記』の伝えるところでは、お祭り好きの後白河院は盛んにてこ入れを図っている。安芸国吉田荘、美作国布施荘《ふせのしょう》、近江国守富保《もりとみのほ》、越中国堀江荘《ほりえのしょう》と三村などの所領を寄進しているが、何よりも重要なのは保元二年（一一五七）に、馬上役《ばじょうやく》の制度をつくって、洛中の金持ちに祭りの費用を負担させることにしたことである。それについては次節に述べたい。

七　馬上役と洛中富家・潤屋の賤民

祇園祭の鉾といえば、現在では人々は、町から出す山鉾巡行の鉾、長刀鉾《なぎなたぼこ》や月鉾などのことだと思っている。しかし山鉾巡行とは別に、神輿の渡御にしたがう「馬上十三鉾」なるものがあったのである（脇田一九六四）。町から出す山鉾巡行がはじまったのは、南北朝期からである。町々から出す鉾は、神輿渡御に随行する鉾が進化して、独立したものといえるから、馬上十三鉾は、いわば山鉾巡行の鉾の原型ともいうべきものである。古来から、鉾は神の降臨する依代《よりしろ》と考えられてきた。それが巨大化し装飾化して威容をととのえたものが、山鉾巡行の鉾といえるだろう。しかし、神輿に随従する馬上十三鉾と町々から出す山鉾巡行とは、出す主体が異なるという意味において、性格が違うといえるだろう。

この馬上十三鉾の源流というべき鉾の濫觴《らんしょう》は、南北朝動乱の直前、元亨三年（一三二三）『社家条々記録』「祇園社草創以来代々勅願次第」に、後白河院の代として、

保元二年丁丑六月一日、御霊会祭礼に添えんが為、天神の威儀を増さんが為、鎌鉾三張を制（製）して社家に下さる。勅して云く、明神の祭礼を儼《おごそ》かになさんが為、宜しく鉾を下さるべし、早く洛中富家を尋ね捜し、馬上役を差定すべし云々。則ち末代の牢籠《ろうろう》を断たんが為、御厩舎人《おうまやとねり》六郎先生《せんじょう》

光吉《みつよし》を以て勒（勤）仕す。

というようにある鎌鉾が、それにあたるであろう。

後白河院は、鎌鉾を下すことで、洛中富家を社家から差定して、祭礼の費用を勤めさせ祭りを盛んにするという効果をもたせようとした。おそらくは自主的な、敬神のための喜捨《きしゃ》でまかなうべき祭礼費用が、そうは立ち行かなくなってきたので、かかる差定の制度を作り、頭役《とうやく》を定め、それに費用を出させて祭りを挙行することにしたものである。前節で見たように、天皇や上皇や女院、貴族諸家、はては京童にいたるまでの祭りであったのが、院や女院の命令によって馬長を出すという事態にいたっていた。それも保元・平治の乱近くになってくると、馬長の数も減ってくる。そこで考えだされたのが、新興階級の商工業者に費用を出させる方法であった。それでその制度を、治天の君である後白河院がバックアップして、盛大ならしめるために、鎌鉾三張を賜ったと推測できる。

この史料は後代の祇園社の記録であるが、瀬田氏がいわれるとおり、『百錬抄』の保元二年（一一五七）六月十四日条の「祇園御霊会今年始めて馬長あり、日吉の如し」が、異本では「馬頭」であり、それは「馬上頭役」のことであるから、馬上あるいは馬頭の誤りと見ることができる。したがってこの年から馬上役がはじまったことは確実といえる。これが馬上十三鉾の起こりで、当初は三張であった鉾が、おいおい追加されていったものであろう。

以上のような「洛中富家」に、馬上役を勤仕させて、祭礼費用を出させ祭礼を挙行するというのは、

祇園のみならず、日吉・稲荷とならんで三社の例であった。寛喜三年（一二三一）の「公家新制」に、

一　稲荷、日吉祭、祇園御霊会過差《かさ》を停止《ちようじ》すべき事

御霊会馬長童、紅引《べにひき》倍木《（ママ）》生絹《すずし》単衣に及んで着すべからず、礱《くちとり》の雑色の外、染装束を着すべからず、凡そ諸社の祭、色々の綾絹等数十疋を以て、神宝桙標《ほこしるし》に掛ける、過差を停止すべし、宮仕神人等、□会前後日に饗し、宴飲盃酌、濫吹の基、之を禁ずべし、供奉の所司、巫覡《ふげき》已下、数輩の僕従、兵仁《（士カ）》の従類、一切停止すべし、稲荷・日吉・祇園三社の祭の時、潤屋《じゆんおく》の賤民を以て、本社の祭の頭に差し、これを馬上と称す、凡下《ぼんげ》よりいでて、経営の趣き自然の費なり、村民過差を好むべからず、社家また精好せしむべからず、そもそも馬長、馬上の結構、神宝神物の過差、或いは色々の綾羅《りようら》を装い、或いは種々の珍宝を鏤《ちりば》め、神事致敬に似たりと雖も、ひとえに皇家の損耗たり、永く厳禁に従うべし、底憲怠慢《ていけんたいまん》することなかれ、

とあるごとく、凡下・甲乙人《こうおつにん》などといわれた庶民の金持ち、すなわち潤屋の賤民を差し定めて、祭りの頭役としたが、これを馬上というのだ、といっており、その身分にすぎた贅沢を禁じている。馬頭としてすこぶる贅沢な行粧で行列に加わったものであろう。建久七年（一一九六）にも、藤原定家が「馬頭の物と称し、過差以ての他なり」（『明月記』）といっているから、神輿渡御に加わる晴れがましさを考えて、多額の出費も負担したのであろう。この馬上役が史料に現れるのは、日吉小五月会《こさつきえ》がも

っとも早く、『百錬抄』保延四年（一一三八）四月二十九日条に見ることができる。江州賀茂社領下司に対して、馬上役を差定したところ、従わなかったので、山門大衆《だいしゅ》が神輿を奉じて強訴《ごうそ》に及んだ。そして朝廷の裁許を蒙って帰山したという事件である。これによって日吉社は馬上役を公認されたことになり、以後、京方を左方《さかた》、江州を右方《うかた》として、馬上役を差定して費用を出させるのを例とした。この日吉社の場合は、総額で千貫文といわれている。

稲荷社の馬上役がいつはじまったかは史料的に明らかではない。日吉社が保延四年、祇園社がその約二十年のちの保元二年（一一五七）とすると、稲荷社の場合も祇園社に近いころであろう。洛中に強固な信仰の権威を有する日吉・祇園・稲荷の三社が、ともに「洛中富家」に馬上役を課して、祭礼を盛大にする動きを示しているのである。しかもそれが日吉社に見られたように、神輿を担いでの強訴によって、朝廷の裁許によるバックアップをえているように、また、祇園御霊会が、後白河院の鉾の寄進にともなう公許ではじまっているように、天下国家の治天の君による推進に裏づけられていたということができよう。いわば、お上に直結して、商売をしているとはいいながら、民間で富力を蓄えてきた人々の活力を利用して、祭りを盛大化させ、もって国家的威信も高めようとする企てにほかならない。

保元二年、最初に馬上役を負担し、「洛中富家」といわれたのは、御厩舎人《おうまやとねり》六郎先生光吉といわれた人である。これは内裏や院（上皇）、女院などの「御厩舎人」という下級官人的な身分を獲得して、舎人としての奉仕を行うのであるが、その代償としてのいろいろの特権を許され、商売を手広く行っている人である。光吉が何の商売をしていたかは明らかでないが、『義経記』に出てくる、義経を奥州へ連れていった金売り吉次のような、都と奥州を往来して、物品を運んでは双方で大もうけをしているような商人を想像すればよい。

帝都として発展してきた平安京・京都であるが、もうこのころには、このような商人が大きくなり、その力でもって、中心都市としての繁栄が担えるようになってきたのである。したがって都市の華ともいうべき祭礼も、かれら新興の商人たちの富力に依存しようという動きが生まれてきたのである。その第一段階が居宅を寄進して御旅所をつくり、神主となった助正、そして第二段階が、この馬上役勤仕の最初の頭役、御厩舎人六郎先生光吉である。

八　馬上十三鉾と馬上役

『祇園社記』第十七に応永十六年（一四〇九）六月七日の「馬上御鉾次第事」なるものがある。これによれば、鉾を前述したように、古くは下京の山鉾巡行と混同して解釈されてきたが、それは違うのである。町々から出した山（山車）や鉾と違って、この馬上鉾は祇園社の別当、社家などに相伝された鉾であった。この鉾の相伝は、別当、社家、一公文《くもん》、権長吏《ごんのちようり》、左方神主、右方神主、目代《もくだい》

馬上御鉾次第事応永十六六七

一鉾　懸物十二　別当　神馬二疋
二鉾　懸物十一　社家　神馬二疋
三鉾　懸物九　公文　社家より
四鉾　懸物九　権長吏　大門律師
五鉾　懸物六　社家より六月番仕　神馬一疋
六鉾　懸物五　社家より左方神主
七鉾　懸物五　右方神主
八鉾　懸物四　末公文両人　二三公文
九鉾　懸物四　目代
十鉾　懸物三　目代　神馬一疋
十一鉾　懸物三　社家
十二鉾　懸物三　社家　但鉾ハ大門律師造進之
十三鉾　懸物二　社家　但鉾ハ金仙造進之
以上
此外鉾二本一対造進之、懸物五ツヽ
社家分懸物絹五本分卅四、神馬二疋也

などに相伝されていた。社家に所属した鉾は、二鉾、十一鉾、十二鉾、十三鉾であり、「社家より」と書かれている五、六鉾の所属関係がわからない。

十二鉾は大門律師《だいもんりつし》、十三鉾は金仙《きんせん》という社僧によって造進されており、のちに十二鉾は大門律師と、十三鉾は金仙と社家との間で争論が起こっている。十三鉾というのは一年十二カ月で十二鉾、閏月分で十三鉾ではないかと思われる。その他に鉾二本一対がある。寄進などによって鉾はどんどん増加していったものかも知れない。また「馬上十二鋒相伝系図」なるものがある。これは「社家嚢《じよう》祖《そ》権長吏執行」といわれた行円から、応永二十一年ごろ生存していた顕縁までの馬上十二鉾の相伝系図である。行円は孫の良円が文治五年（一一八九）ごろの人であることから、院政期の人と思われる。

馬上十二鋒（鉾）相伝系図

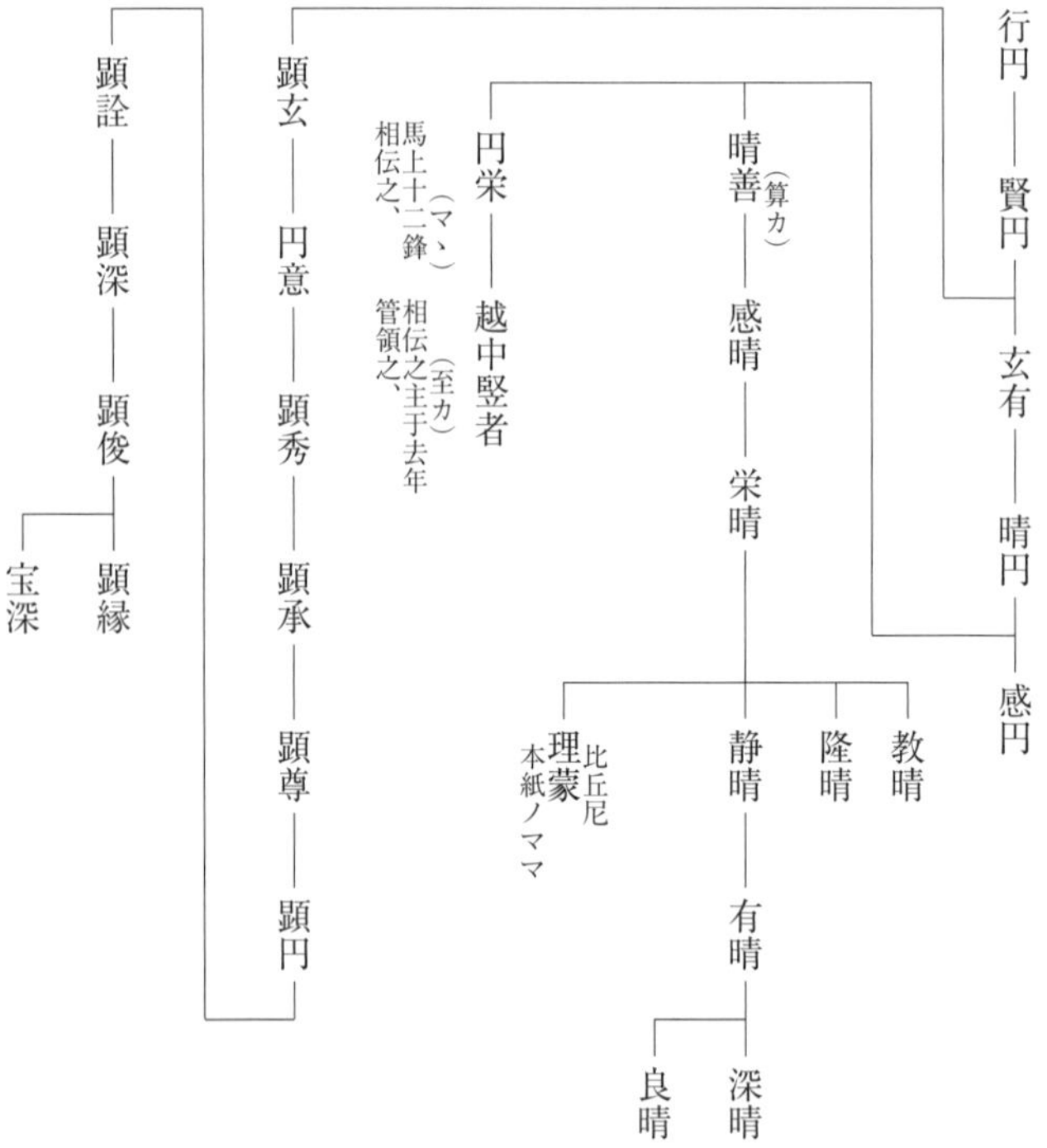

これらの鉾がどんなかたちのものなのか、明らかでないが、『年中行事絵巻』には、六五ページの図のような鉾が描かれている。これは剣鉾であり、祇園社の場合は「鎌鉾」といわれている。すでに述べたように、五味氏はこの鉾の違いから、図は今宮祭だと主張されている。しかし、祇園会の鉾も平安期には手にもって歩いたのかも知れない。また「馬上」は祭礼の費用を出す「馬上役」にかかわる鉾の意味であって、必ずしも、馬上で鉾をかつぐという意味ではないのかも知れない。南北朝期の史料では、「御鉾十三本」に「神

『年中行事絵巻』鉾の図

馬五疋」などと書かれているから、馬上に乗らず、やはり手に捧げて歩いたと考えた方がよいだろう。

「一鉾」には「懸物《かけもの》十二」、「二鉾」には「懸物十一」というように、それぞれの鉾には「懸物」がついていて、十二鉾は三、十三鉾は二のように、だんだん少なくなっている。これがどのようなものか明らかではないが、『年中行事絵巻』の鉾には、ぴらぴらした幡《はた》のようなものが掛けられている。まさに「鉾風流」である。前掲の寛喜の新制に「色々の綾絹等数十疋を以て、神宝桙標《ほこしるし》に掛ける、過差を停止すべし」と書かれた有り様がわかる。

したがってこれらの鉾は、神輿渡御

『年中行事絵巻』日照笠の図

に随行する鉾であった。延文二年の『社家記録』三によると、神輿の渡御には、河原に浮橋が建てられ、神子、中間、童、舎人、日照笠などが供奉した。この年には、六月十四日に還幸したようで、御旅所を申の刻（午後三時）に出た神輿は、酉の半刻（午後七時）に無事本社に帰っている。注記に「鉾風流相違無し」と書かれていて、神輿にも付随した鉾があったことがわかる。この鉾が、前述の「馬上十三鉾」であることは、前掲の「馬上御鉾次第事」によって明らかである。

　さてこの鉾には、祭礼時に費用が下されることになっていた。それは馬上役から支出された。その費用の分配は、応永三十年の「馬上参百貫文同下行事」という記録によると、次のとおりである。

　応永三十年癸卯六月二日、馬上参百貫文同下行事

拾四貫八百文　別当御分丹後都維那請取在之

参拾三貫五百文　目代分同請取有之

壱貫文　宝蔵預分 同請取有之
壱貫文　一公文分 越中法橋請取在之 御代官分
弐貫四百文 八御鉾　二三公文分 三川都維那丹後 請取在之
六百文 七御鉾　右方神主
六百文 十三御鉾　金仙坊
九百文 大もんとの 十二御鉾　自当年未下
三貫文　下居神供 宮仕 三人請取在之
四貫文　馬上乗尻 請取在之
専当酒肴 備中請取在之
〃〃〃
八貫五百文　専当酒肴 請取在之
六貫五百文 此内御シメ上分二貫五百分　宮仕酒肴 請取在之
二貫文　師子舞 備中請取在之
二貫文　御立神楽 備中請取在之
壱貫五百文　本座田楽 幸乗請取在之
（下略）

一鉾を管理した別当には十四貫八百文、三鉾の一公文（文書作成などに由来する社家の役職名の一位）が一貫文、十二・十三鉾を造進した大門律師・金仙坊はそれぞれ九百文・六百文などと差がついているが、九・十鉾の目代の三十三貫五百文がわからない。おそらく費用の計上されていない社家分その他のものが一括されていると見られる。馬上役は鉾管理の祇園社の社僧たちに分配されるだけでなく、祭りを荘厳ならしめる獅子舞・神楽（神子《みこ》）・田楽にも下されていた。

かくのごとく、祭りの費用として寄進された馬上役が、「馬上十三鉾」の管理者にその大部分が下されているということから、鉾が祭礼に欠くべからざるものであったことがわかる。それゆえに社僧たちの祭りにおける収入源ともなったといえよう。

この馬上役は、鎌倉時代を通じて、無事勤められ、祭りも円滑に行われたようである。しかし、南北朝動乱前夜の元亨元年（一三二一）になってくると、乱世の兆しはかかる祭礼にも及び、これもすんなりとはゆかなくなってくるのである。元亨元年にはなかなか馬上役が決まらず、祇園御霊会は延引したが、やっと決まった日に御霊会を行っている。しかし、元亨三年には馬上役は停止された。内乱が小康状態を得た康永二年（一三四三）には、祇園会の復活とともに、馬上役も復活したようで、十一月に延引した祇園会にあたって、馬上役を六角町の西北頬《にしきたのつら》の道善法師に差定している。彼は「日吉右方唐鞍神人《からくら》」であった。これは日吉社に所属して唐鞍を奉仕する神人であった。おそらく唐鞍を生産・販売する商工業者であろう。洛中富家に差定することから考えて、土倉（金融業者）を兼業していたかも知れない。

道善法師は、十一月十五日に差定されていったん了承したのであるが、十七日には唐鞍神人の兄部《このこうべ》

（統率者）を通じて、「日吉右方唐鞍神人」にその欠員を埋める人がないといってその辞退を申し出た。怒った祇園の公人《くにん》（神人とよく似た従属身分）たちが大勢で道善法師の家に押しかけた。驚いた道善法師は十九日には、まず百貫文、二十一日には二百貫文、計三百貫文を渡している。「方人（協力者）の輩無し」といわれていて、独力で二～三日のあいだに即金で出しているのだから、凄い財力である。

しかしこの話はこれでおさまらなかった。祭礼も終わった十二月二十七日になって、日吉の唐鞍神人たちは、身分的に所属している日吉社の本所《ほんじょ》領主である比叡山延暦寺の方へ子細を訴えた。そして貫主《かんじゅ》（長官）から祇園社へ令旨《りょうじ》が下り、馬上役の差定を他所に差し替えて、道善法師の金三百貫文は彼に返すようにいってきた。祇園社は延暦寺の末社であるから、貫主の令旨には従わざるを得ないのである。時の執行の顕詮は、「近年は差定が差し改められることがたびたびで、これは神事が転倒するもとだ」と嘆いているが仕方がない。

道善法師は独力で、ポンと即金に近いかたちで三百貫文を出したが、馬上役は親類縁者が助っ人となって勤めることが多かった。延文二年（一三五七）の六月十四日の『社家記録』によると、土御門大宮の土倉の蓮舜《れんしゅん》というものが馬上頭役に定まり、了承する旨の請文《うけぶみ》を出したが、なかなか金の都合がつかない模様である。このころには馬上役は二百三十貫文になっていたが、そのうち蓮舜は百六十三貫文を出すこととなった。しかしなかなか出さないので、祇園社家の使が山門貫主の意を体して、蓮舜の土倉と、従兄弟で妻の兄でもある尚円の四条室町の土倉を差し押さえている。そしてやっと蓮舜が五十貫文、尚円と親類と思われる三条坊門町の西南頬の者たちが寄り合って、六十七貫文を出すことにしたという。

二百三十貫文に馬上役を減額しても、なかなか困難で、親類縁者より集まって何とか役を勤めたという状況がうかがわれるのである。

この馬上役は誰が差定したのであろうか。それを考えることによって、祇園祭の担い手に迫ろうとしたのが、瀬田勝哉氏である。瀬田氏は「中世祇園会の一考察――馬上役制をめぐって」という論文で、御旅所を寄進して御旅所の神主職を得た助正の子孫と祇園執行との、室町期に起こった争論を分析することによって、御旅所神主が、馬上役の頭人を差定する権限をもっていたらしいことを跡づけられた。また、その御旅所神主職を祇園執行が取り上げて争論となり、その結果、御旅所神主が勝訴した。永享四年（一四三二）以後、祇園社に入った馬上役が以前の半額百五十貫文となっているのは、半分が御旅所神主職に入ったからであることも証明された。

さて馬上役は誰に差定されたのであろうか。私はこれを祇園神人または山門関係の公人などとなっている酒屋・土倉などの高利貸資本のうち、下京に居住するものと考えた。ところが、のちに瀬田氏が批判されたように、差定されたものは、たしかに祇園社神人や山門公人とは限らない。瀬田氏のいわれるとおり、より広い範囲から馬上役を勤める富裕のものを選んだとするのが妥当であろう。しかし、そのなかには、祇園神人が入っているのも事実であって、康永四年（一三四五）堀川材木神人八名が馬上役を免じられていることから見て、神人もその範囲に入っていて、免除された礼金を出しているのである。また、のちに「祭礼敷地」といわれる祭祀空間（氏子—産土神《うぶすながみ》の地域）は、五条から三条間であるからそれにも当てはまらない。おそらくは、「洛中富家」とか「潤屋の賤民」といわれた商工業者の金持ちに名誉を与えることによって満足させたものであろう。神人たちについては、後述するように、それ以前から神輿渡御に付き添って種々の役割を演じていたのである。

馬上役の差定について、瀬田氏は「闕《けち》」（欠点・不吉などか）の有無を問題にされている。たしかに『社家記録』（康永二年十一月十五日、観応元年六月十四日、正平七年五月二十七日、同二十九日の条）には、「闕」が頻出する。おそらく「闕」を罪科とすれば、瀬田氏のいわれるとおり、馬上役を勤めることは免罪符的役割をもつであろう。しかし、もともと、馬上役を勤めることは、名士的な役割であり、競って勤めたものである。それがだんだん忌避されるようになってきて、課税的な、罰則的な意味をもつようになってしまった。したがって、それは南北朝期のことなのであって、町人たちに競って勤めるだけの熱意がなくなってきたことが問題なのであった。

南北朝期の有力な社務執行顕詮がこの状況を嘆いたことはすでに述べたが、「馬上百八十余ケ所ニ差定謂われ無し」と書いている。祭礼そのものが、自主的な盛り上がりを欠くようになってしまったことこそ問題なのである。

やがて、応永三十二年以来、馬上役は「一衆沙汰《いっしゅうさた》」として、年行事《ねんぎょうじ》（その年の当番）によって祇園執行のもとに送られている。年行事が「馬上方年行事」と書かれているのからみて、これは「馬上方一衆」であり、「一衆」といわれる集団で馬上役を勤めるようにしたと考えられる。この「一衆」を構成した人々は、当時の洛中の「有徳人《うとくにん》」といわれた富裕な人々の代表であった酒屋・土倉の人たちであったらしい。それは祭礼が円滑に行われなくなった応仁・文明の乱後、幕府に訴えた祇園社に対しての要路者の書状に、「神事以後でも、酒屋・土倉に仰せつけて、馬上役を勤めさせるよう」という内容があるのによってもわかる。また、年行事の名に「承操」「康尊」などと幕府の「土倉方一衆」のメンバーと同じ名がみられるのである。現在でいえば、財界の有力者をもって後援会を組織して、祇園御霊会をてこ入れして盛大ならしめようとしたのであろう。室町幕府、足利将軍の義満をはじめとする歴代将軍にとって、祇園御霊会をバックアップして年中行事化することは、政治的安定にも洛中の治安のためにも、必要なことであった。

しかし、権力によるバックアップや財界名士の協賛によって、ようやく祭礼が挙行できるようになった祇園御霊会の神輿渡御にひきかえて、祇園祭礼は別の新しい局面を迎えていたのである。

それは現在の祇園祭にまで及ぶ山鉾巡行のはじまりである。

第三章　疫神の二面性

一　牛頭天王説話の成立と神観念の変化

それでは祇園天神はどのようにして、疫病を蔓延させて「追いやらわれる」疫神から、そこにとどまって住民に加護を望まれる神に、変化していったのであろうか。というよりも、悪行のものには祟り、善行のものは救済するという糺《ただし》の神としての二面性をもつ存在になっていく経緯はいかなるものであろうか。そこには神観念の変化がなければならない。

それは牛頭天王といわれた疫神が、疫病をうつしていって、人を死にいたらしめる神から、疫病から人を守って、疫病に感染しないようにしてくれる神へと、いわば百八十度転換を遂げたからである。牛頭天王は神の誓いとして、自分に善行を施してくれた蘇民将来の子孫だけは疫病から助けることとしたので、「蘇民将来子孫」と書いたお札をはっておけば、疫病から逃れられるということになったのである。

その牛頭天王説話は、「牛頭天王縁起」とか「牛頭天王祭文《さいもん》」などといわれ、祇園信仰が普及していくにつれて、あちこちにその写本が流布して残っている。その古いものでも戦国時代末期、長享二年（一四八八）十一月吉日の『牛頭天王縁起』の吉田家旧蔵本（以下、吉田本という）が、年代もわかり、内容も典型的である。これらの牛頭天王説話は、全国いたるところに牛頭天王信仰が普及して、牛頭天王社が勧請されると、これも祭文として写されて、お祭りには読み上げられるから、写本もいくつもできていって、大同小異の変種ができるのである。

ここではまず、牛頭天王説話の内容を祇園社の根本教典ともいうべき『簠簋内伝金烏玉兎集《ほきないでんきんうぎよくとしゆう》』（以下『簠簋内伝』という）、詳しくは『三国相伝陰陽輨轄《かんかつ》簠簋内伝金烏玉兎集』というものものしい名前の五巻もののなかにある説話で紹介しよう。三国というのは天竺（インド）、震旦《しんたん》（中国）、日本であり、この教典はすなわちインドから伝わったと称する陰陽道の参考書である。『簠簋内伝』の、簠簋というのは祭器の名で、簠は円器、簋は方器（四角）で、「中国の祭典で神に供える穀物を盛る器」（『広辞苑』）をいう。金烏は日で玉兎は月、天円地方陰陽を司るという意味である。平安時代の有名な陰陽家、安倍晴明《あべのせいめい》撰といわれるが、それは権威を借りるために仮託されたものである。鎌倉時代末期以降、安倍晴明に傾倒した祇園社の社務家では、晴算以後、代々晴の一字をつけたが、その社務の一人の述作で、晴朝かと見られている（略系図参照）。牛頭天王信仰に基づいて、日時・方角の吉凶などを集大成した書で、陰陽道ではおこなわない鎌倉期以後の禁忌も含まれている（西田一九六六、村山一九八一）。江戸時代には雑書に組み入れられて、おおいに流行ったものである。そのなかに収められた牛頭天王説話は、年代的にも古いし、祇園社の社務のあたりで述作されたということからも、もっとも基準とするにたると思うので、これによって紹介しよう。わかりやすくするために、できるだけ忠実に口語に直した。なお訳すにあたっては西田長男氏の「『祇園牛頭天王縁起』の成立」によるところ多く、その校訂にしたがった。

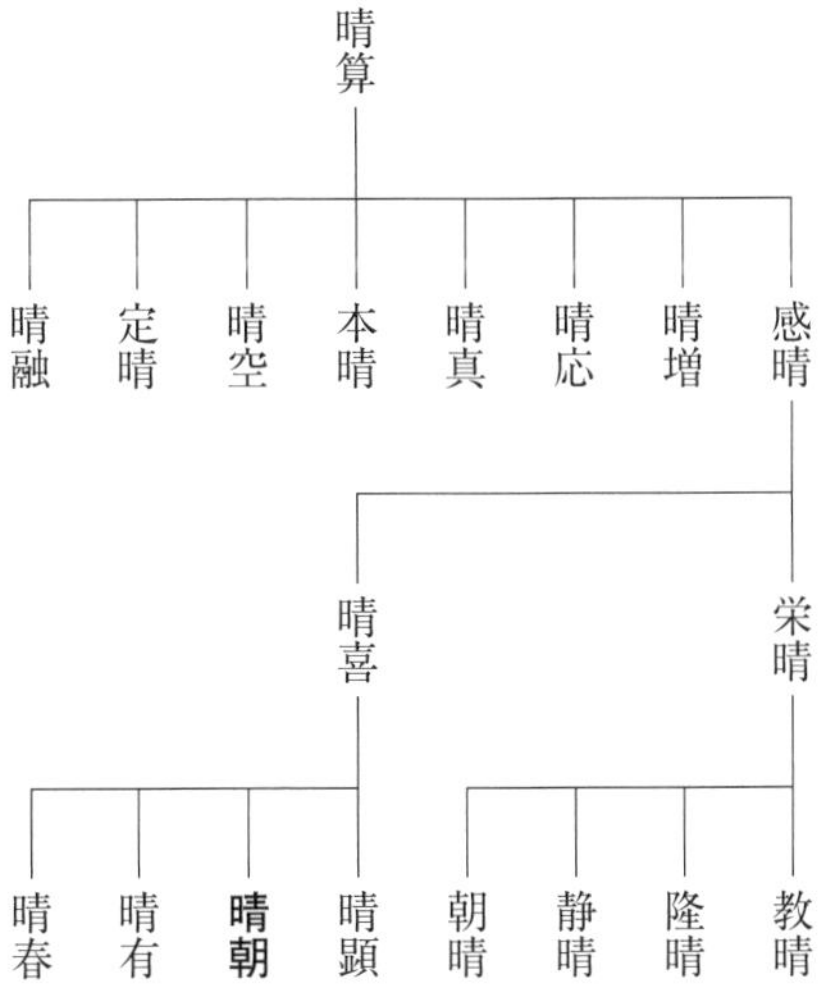

祇園社務陰陽師系図（村山修一『日本陰陽道史総説』所引）

北天竺摩訶陀国《まかだこく》の王舎城の大王はかつては天刑星《てんぎょうせい》であったが、娑婆世界に下生して、牛頭天王といった。頭に黄牛の面をいただき、するどい両角をもち、夜叉《やしゃ》のようであった。その怪異な容貌のために、后宮が見つからない。ところが虚空から、瑠璃鳥が飛んできていうのに、私は毘首羅《びしゅら》天子の化身であり天帝の使者であるが、天帝が教えていうのに、南海に娑竭羅《しゃがら》龍宮がある。ここに三人の明妃《めいひ》がいる。第一が金毘羅女、第二が婦命女であるが北海の龍宮城に嫁入っている。第三は頗梨《はり》采女《さいじょ》といい、美しい膚に花の装い、麗容の姫である。汝、彼の宮にいって、妻として申し受けろとさえずって飛び立った。

そこで天王は、斎戒《さいかい》して車馬に乗り、眷属《けんぞく》たちを供に連れて南海に赴いた。南海は八万里の距離であるが、三万里も行かないのに、人馬は疲れてしまった。ここに南天竺のかたわらに、夜叉国という国があって、その鬼王を巨旦《こたん》大王といった。魑魅魍魎《ちみもうりょう》の類である。牛頭天王は恐れるところなく宿を乞うたが、巨旦大王は戸を閉ざして天王を入れなかった。天王は困って、近辺の広い松原のなかにはいると一人の賤女《しずのめ》がいた。彼女は手に熊手をもち、肩に編籠を担いで松の落ち葉を拾っていた。天王はその女に宿を貸せといった。するとその女は「私は巨旦大王の奴婢《ぬひ》で、家も小さい。ここから東一里ほどの所に、貧乏だが、慈愛の心深い蘇民将来という者がいるから、そこに行きなさい」と親切に教えたのである。

天王が喜んでそこに行くと、女のいったとおり、柴の門、藁屋の家があり、年老いた老翁がいた。手に柴箒《しばぼうき》をもって室内の塵を掃き、足には藁履《わらぐつ》を履いて、庭前の草を刈っていた。天王が宿を求めると、将来は微笑していうのに、「私は貧しいもので、家は小さく三間しかありません。どうして多くの眷属を入れることができましょう」。天王がいうのに、「我は一宿りするところに困っているのだ。憐れんでくれ」。そこで将来は粱粟《あわ》の茎をならべて上閣《かみのかく》の席とした。天王は喜んでその席に座った。将来は中閣に宮官を入れ、下閣に夫《ぶ》を入れて、全員を宿らしめた。天王が「我は遠いところを旅してきて、人馬ともに疲弊している。汝は糧食をもっているか」というと、将来がいうのに、「私は貧乏で一升のお米ももっていません。しかしここに一つの瓢簞《ひょうたん》をもっています。このなかには半分ほどの粟《あわ》が入っています」といって、この粟を瓦釜のなかに入れると、刹那のほどで煮えた。これを梛《なぎ》の葉に載せて、天王をもてなし、供の眷属にも与えた。天王は感謝して「汝が志は大きく満足した。禄（財産）は鰥寡孤独《かんかこどく》の人よりも劣っているが、心は富能万徳《ふのうまんとく》の君にも勝っている。汝が志を感謝しよう」といって、千金を与えて、亭主の恩に報じられた。

朝になって、南海にいたろうとされたが、将来がいうのに、「貴方は何処《いずこ》から何処へ行かれるのですか」。天王は侘しい表情でいわれた。「私は北天の主だが、いまだに后宮がない。ところが南海に明妃がいると聞いて、彼女のところへ嫁娵《よばい》せんとしている。これから娑竭羅城《しゃがらじょう》へはどれだけの長い道のりがあるのだろうか」。将来が答えていうのに「北天から南海に行くのには、八万里で、君はまだ三万里弱来られただけだ。ここから南海に行くのには、大きく深い海が横たわり、車馬の行路は少ない。どうやって行かれ、どうして龍女《りゅうにょ》に会うことができましょうか」。天王は愁然として、もう北天に帰ろうか、と思われた。将来が重ねていうには、「私は一つの宝船をもっています。隼鶴《はやたか》と名づけています。両端が高くて大きく、龍頭鷁首《りゅうとうげきしゅ》（皇帝の乗る船）に似たもので、足が速く目的地にすぐ着いて、刹那に数万里を行くことができます」。天王は喜んで、車馬をなげうって、その船中に入った。忽然として龍宮城《りゅうぐうじょう》に着いたのである。

かくて天王は、龍王に自分の意志を奏上した。龍王は大変喜ばれて、大急ぎで不老門を開いて、長生殿に天王を迎え、頗梨采女と合歓《ごうかん》せしめられ、縁を千年の鶴、万年の亀より長くと祝われた。また山海の珍味、国土の美食でもってもてなされた。したがって天王と女御《にょうご》（頗梨采女）との仲は睦まじく、「夜ハ鴛鴦《えんおう》ノ衾《ふすま》ノ下ニ偕老同穴《かいろうどうけつ》ノ妹世《いもせ》ヲ学ビ、昼ハ連理《れんり》ノ花ノ陰ニ、比翼《ひよく》ノ相思ノ契裳《けいも》ヲ翻《ひるがえ》シ」という幸せな有り様であった。そして、三十七《（ママ）》年の月日が経ち、二人の間には八人の王子が生まれたのである。

すなわち、一は総光《そうこう》天王、二は魔王天王、三は倶摩羅《くまら》天王、四は得達神《とくだつしん》天王、五は良侍《りょうじ》天王、六は侍神相《じしんそう》天王、七は宅神相《たくしんそう》天王、八は蛇毒気《じゃどっき》神である。

天王は楽しい日々を送っていたが、ある日北天に帰ろうと思った。それで八人の王子に命じていわく、「我は北天の主であるが、南海に来たとき、途中に広達国（前には夜叉国）があって、その国王は巨旦大王といったが、みな魑魅魍魎の類である。我が鬼門に行って一夜の宿を乞うたところ、彼は怒って宿を貸してくれなかった。我は物忌みしていたので仕返しをしなかった。今こそ、我は彼の国に行って、城郭を破却しようと思う」。それで八王子たちは、四衆・八龍などの眷属をしたがえて、「上ニハ瞋恚《しんに》ニ鎧ヲ著シ、手ニハ降伏《ごうぶく》ノ剣ヲ抱キ、神通ノ弓ニ飛行ノ矢ヲ括《は》ゲ」という憤怒のかたちで蜂起しようとした。

時に巨旦大王は「阿羅監鬼《あらかんき》ノ相《そう》」になって、胸が躍って動揺し、精気が常ではない。これは何事かと博士に命じて占わせたところ、博士は天地陰陽の員数を勘《かぞ》えて、亀甲八郭《きっこうはっかく》の経旨を閲《けみ》していうのには、昔、北天の牛頭天王が婦を求めて南海に行ったとき、宿を乞うたが、頭に牛角の相があったので、拒んで宿を貸さなかった。天王は斎《ものいみ》していたので妨碍《ぼうがい》をしないで行った。それから二十（ママ）一年経って、彼は頗梨采女と結婚し、八王子を生じた。その八王子が四衆・八龍など眷属を率いて攻め寄せてくるのである。どうしてこの禍いを除くことができようか。大王はびっくりして、どういう祭祀をしたら解除できようか、と問うたところ、博士は、一千人の僧侶を供養して、太山府君王の法を行じたまえ、といった。大王は喜んで、天には鉄網を張り、地には磐石を敷き、四方に長鉄の築地を構え、外には大沢の溝堰を固めて、内には玉の宝殿を作り、清浄の床を飾って、大衆・薩埵《さった》が四方に安座・侍立した。高座の上には羅綾《らりょう》の打敷《うちじき》を掛け、天蓋の瓔珞《ようらく》や幢幡《どうばん》の華鬘《けまん》が四方の風に翻った。なかに清浄の明僧がいて、もろもろの大埦（陀カ）羅尼を唱えた。

　ここに大王は彼の鬼館を望んだが、鉄城が高く大きく、神力方便の術意にもかないがたいものであった。時に天王は、阿儞羅《あにら》・摩儞羅《まにら》の両鬼をもって偵察させたところ、一人懈怠《けたい》の比丘《びく》がいて、居眠りをしていた。そこに大穴を生じていたので、そこから天王以下眷属が攻め込んだ。ここにおいて天王がいうのには、「昔、我がこの国に来たとき、一人の賤女《しずのめ》がいた。巨旦の奴婢というが自分にとっては恩人である。彼女を助けようと思う」といって、桃の木の札を削って「唸唸如律令《きゅうきゅうにょりつりょう》」の文を書いて爪弾《つまび》きすると、その札は賤女のたもとのなかに収まった。それによってこの禍災を逃れることができた。牛頭天王は巨旦大王の屍骸を切断して各五節に配当して調伏の威儀を行った。

そののち蘇民将来のところへ行ったところ、将来は大変富み栄えていて、五宮を作り八殿を構えて、牛頭天王の帰りを待っていた。八王子を請じ入れて、三日間もろもろの珍菓でもって歓待した。牛頭天王は大変喜んで、蘇民将来の恩に報じるために夜叉国を与えた。また誓願して、「我、末代に行疫神となりて、八王子・眷属たちが国に乱入するであろう。しかし、汝が子孫といえば、妨碍《ぼうがい》を加えない。汝を第一に守護するであろう。そのために二六の秘文を授けよう。濁世《じよくせ》末代の衆生《しゆじよう》は必ず三毒に耽《ふけ》って煩悩《ぼんのう》増長し、四大不調にして甚だしく寒熱の二病を受けるであろう。これは牛頭天王・部類眷属の所行《しよぎよう》である。もしこの病痛を退出せんと思うならば、外には五節の祭礼を違えず行い、内には二六の秘文を収めよ。それを信じて敬すべきである。五節の祭礼とは、正月一日の赤白の鏡餅は巨旦の骨肉である。三月三日の蓬莱《よもぎ》の草餅は巨旦が皮膚である。五月五日の菖蒲の結粽《ちまき》は巨旦が鬢髪《びんぱつ》である。七月七日の小麦の索麵《そうめん》は巨旦が筋である。九月九日の黄菊の酒水は巨旦が血脈である。総じて蹴鞠は頭、的は眼である。門松は墓験《はかじるし》である。修正会の導師・葬礼の威儀はみな巨旦調伏の儀式である」といった。

そして牛頭天王は龍宮界から閻浮提《えんぶだい》（この世のこと）に帰還なさった。長保元年（九九九）六月一日、祇園精舎において、三十日の間、巨旦を調伏なさった。今の世にいたってこのような儀式を行うのである。六月一日の歯堅《はがた》めが重要である。憎んでも憎むべきは巨旦の邪気・残族・魑魅魍魎の類である。信じても信ずべきは牛頭天王・八王子である。その八王子というのは、大歳《たいさい》・大将軍《だいしょうぐん》・大陰《だいおん》・歳刑《さいけい》・歳破《さいは》・歳殺《さいさつ》・黄幡《おうばん》・豹尾《ひょうび》である。

以上が『簠簋《ほき》内伝』巻一に収められる牛頭天王縁起である。少し筋の通らないところがあるが、牛頭天王説話のもっとも詳しいもので、古いものといえるであろう。その説話の構成は、以下のごとくである。

①天帝の使いの瑠璃鳥の教えに従っての牛頭天王の妻求め・八王子誕生の話
②富栄えながら邪険な人に神が祟り、貧しいながら慈悲の心厚い人に神が報恩する話
③その報復・報恩の話が、疫神が取りつく話と疫病から人を守る呪術の話に展開する
④疫病除けの呪いが、二六の秘文、五節句の餅などが巨旦調伏の儀式であること

ここでは疫神である牛頭天王が、蘇民将来の親切に感じて、疫病のがれの祭儀や呪術を教える点に重点がかかっている。桃の木で作った札に「唵唵如律令」と書くのは、古代からある災厄逃れの呪文である。五節句の餅などに意味付けをするのも巨旦の調伏という点が違うだけで、昔から意味付けをしているものを換骨奪胎したものである。しかし、この話によって、疫神たる牛頭天王は見事に疫病から人々を守る神に転換することができ、信仰を集める神に転身することができたのである。

ここで現代人である私たちにわからないのは、なぜ巨旦調伏の儀式が疫病除けになるのか、それな

らば巨旦が疫神で、牛頭天王が防疫病神ではないのかということである。しかし、牛頭天王ははっきりと自分は疫神となり、疫病は八王子や眷属のなせるわざであるといっている。おそらくは、疫病にかかる末代の衆生というのは、三毒にふける巨旦大王のようなもので、それを懲らしめるために牛頭天王の八王子や眷属が乱入するのである。そして行いが正しく、慈悲の心もっぱらの蘇民将来のようなものは助けるのだ、という論理であろう。したがって、牛頭天王は疫病を移して懲らしめる側面と、疫病から人々を守るという側面、いわば両義性をもつ存在として君臨する、もっとも中世的な神観念であったといえよう。現在から考えれば、疾病にかかる人々を、過去・現世の何らかの悪の結果として、因果応報と考える、いわゆる三世《さんぜ》思想の視点は間違っている。中世は病者に残酷であった。しかし、善悪二面の体現者として存在し、その両者を時に応じて使い分けるという神のあり方は、「善悪《ざんあく》不二《ふに》」とか「邪正一如《じゃしょういちにょ》」といわれることと同じく、中世人が考えた矛盾論ともいうべき神観念であった。

しかしながら、悪人として疫病で殺されねばならなかった巨旦の血肉その他を食することが、どうして疫病を逃れる呪術になったのであろうか。牛頭天王に気に入られるためなのであろうか。

もう一つ、この説話で面白いのは、牛頭天王が妻を求めて流浪し、幸いに妻を得て、八人の王子をなすということである。古代では神は単身であったり、男身にも女身にも化現しうる存在であったが、その神が、男神・女神にハッキリ分かれ、そして結婚し、子供を生み育て、ぞろぞろと家族移動をするというのも、考えてみればほほえましい。中世には、神も人間と同じく家族の形態を取っている、と中世人たちは考えたのである。さらに神は、昔のインドや中国や日本で、人間として生き、人間としての辛酸をなめつくした人で、それゆえにこそ、人間の苦労がわかるのだ、というのが、中世の神観念であった。だから、中世人と同じように、妻訪婚《つまどいこん》をしたり、妻のもとに婿入りして、八人の王子が育つまで妻家に暮らし、やっと腰をあげて、妻や子供を連れて、自分の本拠に帰ろうとすると考えたのである。それというのが、ちょうどこのころ、院政期から鎌倉期にかけての十二世紀ごろ、人々はそれまでのように夫婦が別居していて、夫が妻の家に通う妻訪婚や、同居であるが夫が妻家に住み込む婿取婚《むことりこん》をやめて、夫が妻を自分の家に迎えて同居し、所生の子供と一緒に暮らすという、現在のような家族をはじめてつくったのである。といっても、父系二世代は一緒に暮らさなかったので、近世・近代の家族問題であった嫁・姑問題はなかった。その家族の姿をあらわして、牛頭天王は一人の正妻を娶り、八王子をもうけ、妻家に長々と同居していて、最初は婿取婚から出発、途中で家族を引き連れて本拠に帰るという設定になっている。

このように牛頭天王説話は、疫病の災難を逃れるということにかかわって創られている点が深刻であるとはいえ、今のわれわれから見ると、西洋にも、東洋にもあるお姫様と王子様のお伽話のような感じがしないでもない。事実、中世末・近世の「お伽草子」といわれた近代のお伽話の源流になるものにも、この牛頭天王説話は「祇園の御本地」として存在するのである。ただし現在と違う点は、これを読む人々が子供ではなくて、大人である点と、大まじめにこれを信じて、疫病を逃れる呪術として、この話の教えるところを実行したという点である。

二　牛頭天王説話の亜種とそのはじまり

この牛頭天王説話には、いろいろの亜種があることはすでに述べた。

南北朝・室町期ごろ成立とされる『神道集《しんとうしゅう》』の「祇園大明神事」は、牛頭天王は「天形星《てんけいせい》」（天刑星）とも「武答天神《むとうてんじん》」ともいい、疫病神が盛んであるので、祇園が信仰され、社を建て、御殿を造ると記している。また本地《ほんじ》垂迹《すいじゃく》図を信仰して、男体は薬師如来、女体は十一面で吉祥婆利采女といい、南海の娑竭羅龍王の第二女で陰大女、波利《はり》采女ともいう、と記している。そして、義浄三蔵訳の「秘密心點如意蔵王咒経」や不空三蔵訳の「天形星真秘密ノ上」なるものを引いて、牛頭天王・武塔天神一体説を展開している。これについては天台教学のなかでできた偽経であろうと、村山氏はいわれている。

さて、『神道集』では八王子は以下のようである。

①相光天王―星接―太歳神―普賢菩薩
②魔王天王―唵恋―大将軍―文殊師利菩薩

③徳達神天王―勝宝―歳刑神―観世音菩薩
④達尼漢天王―半集―歳破―勢至菩薩
⑤良侍天王―解脱―歳殺―日光菩薩
⑥侍信相天王―強勝―黄幡神―月光菩薩
⑦宅相神天王―源宿―豹尾―地持菩薩
⑧倶魔良天王―結毗―大陰神―龍樹菩薩

八王子の名と順番、暦法の神の名などは、『簠簋内伝』とは若干違ってはいるが、大体は一致している。後述の吉田本に近いところもある。

牛頭天王の形容は、三四二臂で頂上に牛頭があり、右の手には鉾をとり、左の手には施無畏《せむい》の印を結んでいる。そして、東王父・西王母・波利采女・八王子などの従神に囲まれているという。波利采女＝婆梨采女としながら、あとでは波利采女を蘇民将来の娘としたり、少し混乱が見られるが、「十三躰」としているのは、のちに述べるように、祇園社の神体の十三体と符合している。

次に、「長享二年戊申十一月吉日」書写という奥書を持つ吉田本の『牛頭天王縁起』と『簠簋内伝』を比較して見よう。

〔第一表〕

『簠簋内伝』

①北天竺摩訶陀国の王舎城の大王＝天刑星。娑婆世界に下生して牛頭天王、頭に黄牛の面、両角をもち、夜叉のようであった
②瑠璃鳥：毘首羅天子の化身＝天帝の使者
③娑竭羅龍王第三女頗梨釆女
④巨旦大王
⑤蘇民将来の家―柴の門、藁屋の家
⑥蘇民将来に千金を与える
⑦八王子の名―
・総光天王
・魔王天王
・倶摩羅天王
・得達神天王
・良侍天王
・侍神相天王

吉田家旧蔵本の『牛頭天王縁起』

①豊饒国・牛頭天王丈七尺五寸・三尺の牛頭・三尺の赤角、父武答大王
②鸚鵡のように能言の山鳩
③沙竭羅竜王第三女婆利末（釆）女
④古端長者
⑤蘇民将来の家―古き茅席《ちがやむしろ》に粟飯
⑥蘇民将来に牛玉を与える―所願成就―七珍万宝―富貴となる
⑦八王子―七男一女
・相光天王（大歳神―春三月役神）
・魔王（大将軍―四季各々十八日を行う）
・倶魔羅天王（歳徳神―秋三月を行う）
・徳達神天王（歳末神―冬三月を行う）
・羅侍天王（黄幡）
・尼漢天王（脱文）

・宅神相天王
・蛇毒気神
⑧阿儞羅・摩儞羅の両鬼
⑨巨旦の奴婢を助ける、桃の木の札を削り「喼喼如律令」の文を書いて爪弾きすると、その札は賤女のたもとのなかに収まった
⑩五節の祭礼を行い、二六の秘文を収めよ
⑪五節の祭礼とは、正月一日の赤白の鏡餅は巨旦の骨肉、三月三日の蓬萊草《よもぎ》餅は巨旦の皮膚、五月五日の菖蒲の結粽は巨旦が鬢髪、七月七日の小麦の索麺は巨旦の筋、九月九日の黄菊の酒水は巨旦の血脈、蹴鞠は頭、的は眼、門松は墓験《はかじるし》である。修正会の導師・葬礼の威儀はみな巨旦調伏の儀式

・無神相天王（貌〈豹カ〉尾―四季各々十八日を行う）
・宅神摂天王（大陰神―夏三月を行う役神）
⑧偵察者―見目嗅鼻という人
⑨蘇民将来の願いにより巨端将来の娘、乙女子を助ける。天王の言で「茅輪《ちのわ》を作り赤き絹の纐《もじ》につつみて、蘇民将来子孫という札を帯につけしめよ」と、第七王子を遣わして授ける
（「神足禅観和尚勘文双子」）
⑩正月―牛玉宝印―正月の行いとして堂社を叩く―眷属の古端の家に入り発向
⑪五月五日の粽は古端の本鳥、菖蒲は首の髪。六月一日天薬神下り玉う時、正月の餅をとりだして、端の執骨と号す

この吉田本は長享のころ、吉田社家の誰かによって書写されたものであり、牛頭天王・婆利末（采）

女・八王子の本地仏などを云々して、その後、黒谷の法然上人が祇園林で説教したことを牛頭天王が喜んで二首の歌を読んだ説話を載せている。その最後に本人が書いたと思われる、牛頭天王は素戔嗚尊という説を載せて、年月日と署名があるが、署名はのちに抹消されている。

吉田本の第一部分は、その追記に、ある俗人が所持していた本を写したもので、仮名書きを真名《まな》の字に作したと書いてある。ただしのちに多く存在する祇園社記本や文明十四年（一四八二）の記を有する東北大学所蔵本、西田氏架蔵本（室町中期）はこの真名本を仮名本にまた書き改めたものかと西田氏はいわれる。そしてその次には「悟真嗣法第一神足禅観和尚勘文双子」を写したというものが続いている。それには、

1、牛頭天王は父が東王父天、母が西王母天である。

2、頗梨采女―婆利末（采）女が沙竭羅竜王の女、薩迦羅女になっている。

3、巨旦大王―古端長者―巨端将来

4、巨端将来の娘の乙女子を蘇民将来が乞うて助ける。それで天王がいうのは、「茅輪を作って赤き絹の『もじ』につつみて、『蘇民将来之子孫』という札を身につけしめよ」と、第七王子を遣わして彼女に授けて助けた。そして天王・八王子はともに誓って「当世・来世に至って、蘇民将来の子孫という人には、諸々の凶悪災難、みなことごとく退散せしめ福徳寿命を増長せしめよう。しかればすなわち符印を作り、茅輪を作り、尻久部縄《しりくべなわ》を付けて、門に付けて曳くべし」といった。

5、本地を記載する。

さてこの吉田本と、先にあげた『簠簋内伝』『神道集』とは、八王子や婆梨采女の方位などの位置づけが違う。

〔第二表〕

吉田本（旧蔵）	『簠簋内伝』	『神道集』
	牛頭天王	天道神方
	頗梨采女	歳徳神方
相光天王（大歳神—春三月役神）	大歳神方	太歳神—普賢菩薩
魔王（大将軍—四季各々十八日）	大将軍方	大将軍—文殊師利菩薩
倶摩羅天王（歳徳神—秋三月）	大陰神方	大陰神—龍樹菩薩
徳達神天王（歳末神—冬三月）	歳刑神方	歳刑神—観世音菩薩
羅侍天王（黄幡）	歳破神方	歳殺—日光菩薩
達尼漢天王（脱文アリ）	歳殺神方	歳破—勢至菩薩
無神相天王（貌〈豹カ〉尾—四季各々十八日）	黄幡神方	黄幡神—月光菩薩
宅神摂天王（大陰神—夏三月を行う役神）	豹尾神方	狗尾—地持菩薩

以上のように、諸説それぞれ違うのである。これら牛頭天王・婆梨采女・八王子はそれぞれ陰陽道の神と習合して、方位の神となっており、それぞれで位置づけが異なるのは、流派の違いのようなものであろうか。

『八坂神社記録　下』には、真名文の「祇園牛頭天王縁起」と仮名文の「感神院祇園牛頭天王御縁起」が収められている。真名文は年月日欠であるが、仮名文の方には「慶長三年正月廿一日之を書く」の奥書がある。真名文の方の内容は、以上の吉田本と似た内容であり、前記、西田氏が丁寧に相違を校注しておられる。おそらく吉田本の第一部分と第二部分とを習合させたものと見ることができる。

一、巨旦は「古端長者」と表記されたものと「巨端将来」の表記とがある。
二、頗梨采女―婆利末（釆）女が沙渇羅竜王の娘、薩迦羅女―婆利采女と表現される。
三、吉田本の第二部分の4巨端将来の娘の乙女子を助ける話が「巨端将来の娘乙姫」として出てきて、茅輪を作って赤き絹の「もじ」につつむものを、今の「続命縷《しょくめいる》」であるとしている。もっとも異なり、吉田本のどこにもない点は、六百字余りの付加部分に、
四、牛頭天王が我が朝に垂跡して、素盞鳴尊と号した。
五、吉備大臣が霊壇に詣でたときに「我はこれ、牛頭天王、薬師如来なり」となのり誓願を述べた。

という部分が加わる。これについては後述に譲りたい。

仮名文の方は、巨旦―古端―巨端が古単長者となっている点など、小異はあるが内容はこれまた真名文と似たようなものである。双方とも本家、祇園社の決定版というべきものであろう。この祇園社記本が東北大学本や西田氏架蔵本と決定的に違う点は、蘇民将来の願いによって、巨端将来の娘を助ける点である。しかもそれは「蘇民将来子孫」ということにして助け、その札を与える点である。たとえ蘇民将来の血をひいた娘ではなく、敵の巨端将来の娘であっても、行い正しく、また牛頭天王を信じるものは「蘇民将来子孫」として助けようという意味であろう。

誰を疫病から救助するかということは神の誓いとして、説話・神話のもっとも重要な部分を構成するものである。それゆえに、説話の諸本の異同をしばらく見ることにしよう。

ちなみにいえば、『簠簋内伝』ではこの女は巨旦の娘ではなく奴婢で、蘇民将来が願ったのではなく、天王みずからが助けたことになっている。しかも呪術も、桃の木の札に「唵唵如律令」と書く古代以来のものである。説話のなかで進化していく事情が読み取れるであろう。

『簠簋内伝』では、巨旦将来の家の奴婢であったものが、『神道集』では、牛頭天王が助けた娘は、蘇民将来の娘となっている。さらに長享の吉田本では、巨端将来の娘乙女子を蘇民将来子孫として助けることとなっている。今、西田氏が考証された諸本の異同を、助けられた娘に関して、表にして年代順に追ってみよう。

〔第三表〕

巨旦将来の家の奴婢―『簠簋内伝』（鎌倉末期）

蘇民将来の娘・家婦―『神道集』「祇園大明神事」「赤山大明神事」・文和・延文ごろ―応永―室町初期―蘇民将来娘・柳の東に出た札を四角に削り首を五形の体にして「蘇民将来子孫」と書く

―宮地直一氏所蔵巻子本「灌頂祭文」天文十九年卯月十四日

―続群書類従巻五十五：林家旧蔵本―和学講談所旧蔵本・内閣文庫蔵：「祇園牛頭天王縁起」―蘇民将来の娘―茅輪赤絹繽裹―今の続命縷是也

―牛頭天王之祭文：宝暦八年・神宮文庫蔵

巨端将来の娘乙女子を蘇民将来子孫として助ける

―長享の吉田本の内「神足禅観和尚勘文双子」

―〔漢文〕『祇園社記』―吉田本と似た内容

―〔仮名文〕『祇園社記』―慶長三年正月二十一日―ただし、巨単のおと姫―蘇民将来子孫として助く（祇園社で挿入）

巨旦将来の家の奴婢であったのは、鎌倉末期成立といわれる『簠簋内伝』のみであり、蘇民将来の娘であったとするのが、南北朝・室町期成立といわれる『神道集』であり、その呪札は柳の東に出た札を四角に削り首を五形の体にして「蘇民将来子孫」と書くという。天文の宮地直一氏所蔵本の「灌《かん》頂《ちょう》祭文《さいもん》」は、「茅ノ輪ヲ作リテ、赤キ絹ノ端ニ巻キ籠メテ左ノ脇ニツケヨ」と記している。それが進化して、林家旧蔵本やそれを基にしたらしい和学講談所旧蔵本や続群書類従本は、「茅の輪を作り赤絹纐《もじ》にて裹《つつ》む、今の続命縷是《これ》なり、蘇民将来の子孫也という札を帯に付く、かの災難をのがるべし」といったと記している。『神道集』と宮地直一氏所蔵本の双方を兼ね備えた記述になっている。また同系列の宝暦の刊本は、蛇毒気神王を遣わして、巨単を滅ぼし、蛇毒気神王は、蘇民将来に「茅ノ輪ヲ結ンデソノ女子ノ左ノ袖ニツケヨ、ソレヲ験《しるし》トシテ難ヲ免ガレシメン」といったことになっている。

巨端将来の娘乙女子を蘇民将来子孫として助けるようになるのは、長享の吉田本の内の「神足禅観和尚勘文双子」の部分であり、それと『祇園社記』の漢文と仮名本双方のみである。吉田本では、古端の娘にはやはり「茅ノ輪ヲ作リテ、赤キ絹に裹ミテ、蘇民将来子孫ト言ウ札ヲ帯ビセシメヨ」ということになっている。真名文の祇園社記本は吉田本と似た内容であり、娘のことも同様の記述である。慶長三年正月二十一日の年記のある『祇園社記』仮名本も古単の娘で「ちがやのわ」をつくる記述も少し判読しがたいところもあるが、大体は同じである。この仮名本は、文明十四年の明記のある東北大学架蔵本や室町中期写本の西田氏架蔵本と同内容であるにもかかわらず、「其時蘇民将来申てまうさく、彼古単かおと姫こころ高億（徳カ）也、是一人ゆるく（しカ）めく給《（ママ）》へと天王に中奉る。天王重而曰《かさねて》、然者《しかれば》ちかやの輪を作、さくけん糸（羂索《けんさく》カ）にて、蘇民将来子孫なりと言札を付よ、此災難はまぬかるへし」という文句が挿入されているところが違う。古単の乙姫は、心が気高く、徳が高いので許してやってほしい、と蘇民将来が願い、天王が災難を免れるための方法を教えたというのである。羂索とは、仏菩薩の、衆生を救い取る働きを象徴するもの。色糸を撚り合わせた索の一端に鐶、他の一端に独鈷《どっこ》の半形をつけたもので、密教で用いる（『日本国語大辞典』）ものである。

かくて、この一文は、祇園社の方で挿入されたものと考えられる。祇園社としてはこの話によって、「蘇民将来子孫」が疫病を免れるのみならず、たとえ巨旦将来という敵の血縁であったとしても、行いの正しく、心の清いものは免れるということによって、その適用範囲を拡大して、牛頭天王信仰を鼓吹して、「蘇民将来子孫」の御札を人々に普及させる必要があったのである。東北大学本が文明で、祇園社本が慶長であるのは、その推移を示していると思われるのである。

さらにいえば、血縁主義を排し、悪行の人の子孫であっても、善行の人は救済されるとしたあたり、縁座主義を克服して、人間の行動の責任を問うた点に、説話の進展が見られる。当時、縁座主義を排する動向があった。例えば、近江国湖北の漁村で、自治村落で名高い菅浦《すがうら》では、寛正の大飢饉のあと、罪人の縁座をやめて、子孫には土地の権利や宮座の加入を認める覚書を作っている（脇田一九八五）。江戸時代、武士の世界では、世襲制とともに、縁座主義が強くなっているが、中世の町や村では、縁座主義を排して、本人の行動の責任で、賞罰が定まるという観念が生まれてきたことを示すものであろう。ただ、その賞罰が病気―疫病で決まるということでは、病気になった人は浮かばれない。癩病患者が差別され、その血縁が差別されるというところが、中世社会の抱えている大きな問題なのであるが。

三　牛頭天王と婆梨采女のイメージ

それでは牛頭天王・婆梨采女・八王子はどのような形像をしていたであろうか。否、より正確にいえば、どのような神と認識してつくられていたであろうか。

さて、『簠簋《ほき》内伝』では、牛頭天王は天道神で万事大吉、頭に黄牛の面、両角をもち、夜叉のようであったと書かれ、頗梨《はり》采女は歳徳神《としとくじん》で、「容顔美麗忍辱慈悲の体なり、故に尤も諸事これを用うべきなり」と書かれていた。吉田本では、「牛頭天王丈七尺五寸・三尺の牛頭・三尺の赤角」と書かれ、婆梨采女については記載がない。いずれにしても説話はのちの時代のもので、神像の記録や絵像・木造などの実物の方が残っている。

すでに述べたように鎌倉時代の承久二年（一二二〇）四月十三日の寅の刻、祇園社は地を払って焼亡した。延久と久安にも祇園社は焼けており、このたびは延久の例にのっとって、対処しようということになった。それで、当時の施政者、幕府将軍頼経の実父である九条道家の日記『玉蘂《ぎよくずい》』承久二年四月十四日条には、延久・久安の例が詳しく記述されている。

延久の記述によると、牛頭天王と婆梨采女は大壁のなかに埋もれて焼け残っていて、牛頭天王の左右の足が焼け損じただけであった。八王子の一体は別当安誉が火傷を負いながらも取り出したが、三体は焼け損じながらも残っていた。四体と蛇毒気神《じやどつきしん》・大将軍が焼亡したという。牛頭天王と婆梨采女は六尺余りで、八王子は三尺余りの丈で約半分であったことがわかる。

この大火は鍛冶が釘をつくっていた火が、本堂と宝殿に焼け移ったという。別当安誉や僧が御帳内に飛び込んだが、「煙満塞ぐの上、もとより御躰の立つところを知らず」、ようやくにして八王子一体を取り出したという。別当といっても僧侶であるので、内陣の御帳内をのぞいたことはなかったらしい。

久安の焼亡のおりは牛頭天王・八王子は取り出しており、承久の焼亡で「御躰十三躰」は取り出しているが、それがどのようなものであったかはわからない。おそらくは牛頭天王・婆梨采女・八王子で十体であるから、蛇毒気神・大将軍ともう一体ということになる。村山修一氏の指摘によるとおり、『簠簋内伝』では、八王子のなかに蛇毒気神・大将軍が入っているが、この場合は別のものとなっている。祇園社の祭神が『簠簋内伝』と違うとすれば、その影響は大きいが、理由はわからない。蛇毒気神というのは、三宝荒神のことだともいわれるが、『二十二社註式』には、「東間　蛇毒気神龍王女今御前也」と記されている。延久焼亡のあと、再造にもっとも難しかったと伝えられている。『扶桑略記』には、その姿を権少僧都公範なるものに祇園社に籠もらせて祈らせたところ、金箔をおした赤い衣を来た御姿が現れ、また、ある時には紺青色の憤怒《ふんぬ》の姿で現れたといわれている。

しかし、これらの神々を含んで十三体というのは、保元三年（一一五八）の「感神院所司解文」という申上書には、「毎日十三前神供」といい、永享元年（一四二九）の「祇園社社務代官職起請文」にも「十三所部類眷属八万四千余神等」といっている。『神道集』の「祇園大明神事」にも十三体と出ていて符合する。『八坂神社旧記集録』所載の「矢坂郷奉斎十三前記」では、十三座の神々の名が上げられていて（高原一九七二）、現在まで一貫していることがわかる。それは馬上十三鉾が閏月を入れて、一年が十三月で十三鉾あったように、暦家の説を入れて十三体の神々を入れたもので、道教の影響が強いと思われると、現八坂神社宮司の真弓常忠氏はいわれる。牛頭天王・婆梨采女・八王子で十体であるが、三体を合わせて、十三体にして祭ったものとも思われ、妥当な見解である。

さて現存する牛頭天王の絵像などの形状は、頭に牛頭を頂き、怒髪三面の像が多い。村山修一氏の紹介されたところにしたがってしばらく見てみよう。

奈良春日大社所蔵「牛頭天王曼陀羅図衝立《ついたて》」は鎌倉期のもので、丹色の地色に牛頭天王曼陀羅を描き、裏に白描の狛犬一対と牡丹・鳳凰を描く。御正体鏡と同様である。牛頭天王は牛面を頂く三面十二臂三目の天王が虎の上に座している像で、虎に座しているのは、吉祥といわれる。これはもと摂社

「神像絵巻」牛頭天王像（妙法院蔵）

水谷《みずたに》神社の社殿に祭られていたと伝えられること、文永六年（一二六九）の『中臣殖栗連《なかとみのうえぐりのむらじ》　祐賢筆記《すけかたひっき》』にも、水谷社の祭神を牛頭天王としていることから、村山氏は承平四年（九三四）に興福寺僧円如が春日水屋を移して祇園天神堂を建てたとある水屋をこの水谷社とされ、春日と祇園の間に深い関係があるとして、牛頭天王曼陀羅は南都系密教から発祥したかも知れないといわれている。

このような曼陀羅の画幅は相当、流布したといわれ、大阪府八尾市の志紀長吉神社の画幅は垂迹的な意味合いが濃く、天台宗妙法院所蔵「神像絵巻」一巻の牛頭天王像は神祇的色彩が強いとのことである。この妙法院蔵「神像絵巻」は、巻末に「観応元年庚寅正月十一日賜小野僧正興ノ御本」の奥書をもち、神像図二十三体を挙げ、天神・地神などの最末尾に牛頭天王の像が天地一杯に描かれており、三面十二臂で白牛にまたがり、三面はそれぞれ三眼で、正面の顔の上に白い牛頭を載せ、さらにその上に、小さい本地薬師如来座像を載せている。後背は火炎で、十二臂の持ち物は赤白の宝珠・宝瓶・如意輪・弓矢・鉞《まさかり》・宝棒・鉾などだという。

彫像の牛頭天王も似たような姿で、島根県の鰐淵寺《がくえんじ》には、牛頭天王像大小二像があり頭上に牛頭・怒髪三面の像である。京都府田辺町普賢寺の朱智神社には中世唐装束鰭袖《ひれそで》付・怒髪の珍しい牛頭天王一体があるという。祇園社には、黄金の牛頭天王像があった。『大乗院寺社雑事記』文明二年（一四七〇）六月二十六日条は次のように伝える。

祇園炎上以来、神躰五条辺ニ入レ奉ル、彼ノ神躰ハ全躰黄金ヲ以テ之ヲ鋳奉ル、牛頭ノ形躰、希有ノ本尊ナリ、然レドモ社人之ヲ砕キ奉リ、売買シ了ンヌ、此ノ事其ノ隠レナケレバ、社人生ケナガラ淀河ニ流シ畢《おわ》ンヌ

文明二年に祇園社が炎上して、牛頭天王像を五条あたりに安置していたところ、社人が砕いて売り飛ばしたという。それが発覚して社人は生きながら淀川にほうりこまれたという。黄金の本尊とは、いかに祇園社が信仰をあつめていたか、如実にわかる話である。

それに比して婆梨釆女の像は少ない。わずかに、福井県八坂神社蔵の十一面女神座像が、『女神たちの日本』（サントリー美術館）に載っていた。仏師の作と推定されているように、女神像の頭が十一面観音になっている。いうまでもなく本地仏は、牛頭天王＝薬師如来、婆梨釆女＝十一面観音であり、

八王子＝文殊菩薩である。十一面観音と女神像の融合した像がつくられているのである。

治承二年（一一七八）四月沙門観海が「祇園三所権現御正体金銅三尺仏菩薩三体」と「同常住三尺円鏡三面」を勧進している。本地仏として、金銅三尺の仏像がつくられたことがわかる。時代はおおいに下るが、明治の廃仏毀釈のおり、祇園社の本地仏は大蓮寺に移管された。薬師如来・観音菩薩・十二神将・夜叉神明王であって、三体ということでいえば、文殊菩薩がなく、十三体といわれるのとも数が合わないのである。

四　牛頭天王はどこから来たか

牛頭天王が異国から渡来した神であることはいうまでもない。外国から流行してきた疫病は単なる御霊《ごりょう》のせいではなく、「異土ノ毒気」のなせる業と考えられたのだから、その疫病神である牛頭天王も、当然、異国から上陸したものと考えられた。私は政治的失脚者である怨霊と、異国からの行疫神《ぎょうえきじん》は、同じく御霊と称せられるようになったとしても、出発点の性格は、いささか違うものであったと思う。

さて、牛頭天王はどこから来たのであろうか。現在考えられるもっとも妥当な説は、西田長男氏もいわれるとおり、朝鮮を経て、日本に入った神であることは疑うことのできないものである。諸説はさまざまであるが、同氏の紹介されたように、村山智順氏編著の『朝鮮の鬼神』に、「蘇民将来之子《ソミンチャンネーチャ》孫海州后入《ソンヘフィブ》」の文を縦三寸、横一寸の赤紙に書いて門戸にはる、とあるのは、朝鮮経由説にもっとも信頼性を与えるものであろう。

しかし、それは近代の風習である。それが古くからあるものとしても、古代・中世に日本に入ってきたという証拠がなければならない。ここで思いあわされるのは、「漢神《からかみ》」を祭る話である。すでに有名なものであるが、しばらく見よう。

『続日本紀』延暦十年（七九一）九月甲戌の条には、「伊勢、尾張、近江、美濃、若狭、越前、紀伊等の国の百姓の、牛を殺して漢神を祭るに用いることを断つ」とあり、また『類聚国史』延暦二十年（八〇一）四月己亥条には、越前国に対して、「牛を屠りて神を祭る」ことを禁じている。

佐伯有清氏は、この「殺牛祭神」を雨乞いの場合と軍事を起こす場合と、祟りを祓うための場合とに分けて考え、農業神的な雨乞いの風習と、祟りを祓うものとの区別の上で、「殺牛祭神」を論じねばならぬとされた。氏は『日本霊異記』の漢神の祟りを受けた摂津国東生《ひがしなり》郡撫凹《なでくぼ》村の人の説話、もちろん、これは「殺牛祭神」を受ける漢神は淫祠《いんし》邪教であり、仏教的な放生会《ほうじようえ》が正しいとする説話だが、そこから当時の漢神の祭りの実態を引き出されている。すなわち、漢神の祟りを受けた富豪が、七年に七匹の牛を殺して祟りを祓ったが治らず、重病になって、あわてて生き物の放生会をしたところ、死して地獄に堕ちたが、放生した生き物に助けられて、閻羅王《えんらおう》の許しを得て蘇生したという話である。地獄の牛頭人身の非人たちがいうところでは、牛を殺して漢神の廟に供え、神とともに饗宴を張って食べたもので、多くの人が参加した。そして神の祟りの実態は病気であり、その快癒のために巫覡者《ふげき》が、「殺牛祭神」の儀礼を行って集団内の主催者になった、と中国の例から推察されている。

したがって氏は、漢神というごとく、この祟りをなし、「殺牛祭神」の犠牲を求める神の信仰は、中国から渡来したとされて、中国史の成果を援用されて以下の事例を出しておられる。『後漢書』（巻七十二）に「会稽の俗、淫祀多く、卜筮を好む、民、常に牛を以て神を祭る」とあり、また、後漢時代、城陽景王祠の祭りは、牛を殺してこれを食べ、倡優《わざおぎ》を招いて、男女が賑やかに会集した。中国ではその他、浙江省の近くの伍子胥廟《ごししよびよう》と江蘇省の項羽《こうう》廟が牛を殺して祭るのが顕著であったらしい。それゆえに佐伯氏は、延暦の漢神は項羽神的な怨霊神であるとされた。さらに延暦の「殺牛祭神」の禁止によって、すっかり姿を消してしまったようにみえるが、この信仰が、かなり変形したかたちで民間に生きつづけて出てきたものが、祇園御霊会だと考えられている。

林屋辰三郎氏はそれを受けて、初期には祇園天神堂と呼ばれている祇園も北野天神も、ともにかつての「殺牛祭神」の信仰が底流となっており、北野の使獣が牛であることも、その名残りであるとされている。北野の雷神の怨霊化ということは、殺牛祭神の信仰を、祈雨から怨霊に飛躍させたものと相応じるものとされて、祈雨や怨霊に対する殺牛祭神を包括して論じられている。

牛頭天王の淵源が中国や延暦の「殺牛祭神」にあることは、佐伯氏の説のとおりであろうと思う。

しかし、はじめにもどって、「蘇民将来子孫」の護符が、朝鮮にあり、そしてそれが遠い昔からの風習とすれば、単なる「殺牛祭神」のみでなく、牛頭天王説話ができ上がったかたちで日本に渡来してきたことになる。

そこで示唆的であるのは、浅香年木《あさかとしき》氏の研究である。浅香氏は、奈良時代末期〜平安初期、中央貴族の目には、蛮客すなわち異国からの客人は疫神と同じように認識されていたとされる。例えば当時の律令政府の儀礼である「延喜神祇式」の規定によれば、鬼魅《きみ》を饗して入京を防ぐ祭祀である道饗《みちあえの》祭《まつり》は牛皮や鹿・猪皮を祭料に用いるものであり、「宮城四隅疫神祭《きゅうじょうしぐうえきじんさい》」「畿内堺十処疫神祭《きないさかいじっしょ》」も同様であった。ところが蛮客送堺神祭も、障神祭も同種の扱いで牛・猪・鹿・熊皮を使っていて、疫神と蛮客はほとんど同一視されていたことを明らかにされている。そしてこの祭儀は、「殺牛祭神」の系譜を引く在地の渡来色濃厚な漢神祭祀が、国家的祭祀のなかに吸収され変容したものと推察されている。そして、北海は蛮客の入国の門戸になっており、同時に疫病の入り口になっている。したがって疫神である漢神（浅香氏は「韓神」と表現）信仰も入国するので、「殺牛祭神」の禁止も越前など北国に多いとされた。

それについて思いあわされるのは、貞観十四年（八七二）、京中に「咳逆病《がいげきびょう》」が流行し、死亡者が多かった。今でいえばインフルエンザのたぐいであろうか。それは渤海国使の北陸道着岸入国による「異土ノ毒気」のなせる業といわれたことである（『三代実録』）。この年に祇園の前身とされる東光寺が太后（藤原明子）御願によって建立されたという『伊呂波字類抄』の説もその関連性を示しているると思われる。

北陸道の神々には、疫神的・漢神的特徴が付着していて、渡来的な性格も濃いのである。すでに河音能平氏は、若狭比古神が、「疫癘《えきれい》をしばしば発し、病死者衆《おお》く、水旱時を失う、年穀稔《ねんこくみの》らず」というような災害をもたらして、もし「神身離脱」の願望が果たせられなければ、災害を致すのみと託宣する「荒《あら》ぶる神」であって、疫病神としての「漢神」とみなされていたことを指摘している。本来、農耕神、海神であった有力な地域の神々が、疫神としての「韓神信仰」を吸収して、祟りが恐れられる性格を強めること、その祟りを鎮める手段として、在野の呪法・異験の僧の活動によってできる神願寺をとおして「神身離脱」の要求を強めるようになり、それを受けて、かかる疫神化した地域神を、律令政府が名神・神宮寺として新たな神祇・仏教統制の重要な対象とせざるを得なくなるのは、班田農民の分解にともなう富豪層の台頭などの在地の変化によることが大きい事情を究明されている。

それを受けて、浅香氏は、気比《けひ》神、気多《けた》神も同様の性格をもつことを指摘したが、さらに、名神の扱いを受けていなかった白山比咩《しらやまひめ》神＝白山権現に注目して、官幣・国幣を拒否する幣帛不受の動きを示し、一方で新たに渡来した密教系の変化《へんげ》観音の信仰を受容して、地域独自の仏神の世界を形成したとされている。すなわち『泰澄和尚伝』によると、白山比咩神は越前在地の山林練行・民間遊行の僧である泰澄の前に、貴女—九頭龍王—十一面観音の姿を取って顕現したとされている。しかも白山系の神仏習合の伝承ではその「権身」を貴女形とするものと、龍形身をともなう伝承との二つの系列があるとのことである。

以上の漢神の研究史から注目されるのは、「殺牛祭神」の漢神が祟りをなす疫神であること、蛮客も疫神と同じにみなされていて、疫病は異土からもたらされるものが多いと思われていたこと、地域の有力神がその疫神信仰を付着させて祟り神となるが、それが仏教による「神身離脱」によって、いわゆる神仏習合の結果として、仏神としての権威を高めてゆく事情がわかった。おそらくは、ここで単なる祟り神から、疫病除災の仏神への昇華を果たしたものと思われるのである。

このような神々と祇園の牛頭天王や婆梨采女などとは、どのような関連性があろうか。すでに述べたように、白山比咩神は龍女であり、十一面観音の姿で現れたが、浅香氏の指摘されたように、大和長谷寺の本尊の十一面観音像は、近江の高島郡の三尾山から流出した「疫木」で、祟りをなして死ぬ人が多かったが、それを像の材料として祈ったところ、霊験あらたかであったという『元亨釈書《げんこうしやくしよ》』『三宝絵詞《さんぽうえことば》』に記されている説話がある。浅香氏は、それと近江湖北に十一面観音信仰が多いことも関連づけられている。

このことから思いあわされるのは、婆梨采女は娑竭羅龍王の娘であり、その習合した本地仏が十一面観音であることである。婆梨采女は少将井殿といわれ、龍王の娘という伝承から、神輿は御旅所の井戸の上に安置された。そして平安時代の御霊会の記事を見ていると、牛頭天王に勝るとも劣らぬ独自の信仰をもっていることは、すでに河原正彦氏が注目されているところである。渡御の道が皇居に近いこともあって、少将井の神輿を避けて、天皇・院宮が御幸する慣習もあった（五味一九八四）。

また、天台宗別院園城《おんじょうじ》寺の鎮守、新羅《しんら》明神は「護法善神」として名高いが、後三条天皇の不予の原因が、その祟りとされている（『扶桑略記』）ように、祟り神であった。この神は円珍が唐より帰国途中に船中で感得したと伝える神であるが、これは園城寺が延暦寺との対抗のなかで、延暦寺の「護法善神」であり、円仁が感得したという赤山《せきざん》明神と同一の神を祭ったものであることは、辻善之助氏以来、明らかとされている。赤山明神は『神道集』「赤山大明神事」によれば、祇園牛頭天王と同一体と見なされていて、また、「其ノ本地ノ名ヲ尋ヌレバ、武答天神王也」とあって、「凡ソ武答天神王ハ頂上ニ十一面有リ」として、十一面観音だということになっている。牛頭天王は所伝によっては武答天神であったり、その子であったり、種々であり、『神道集』では「祇園大明神事」においても「一躰異名」と説いているが、ここでは本地は、男体が薬師如来で女体が十一面観音となっている。

いずれにしても疫神で祟りをなして、「殺牛祭神」によって崇められた漢神が、神仏習合の過程において、疫病防禦の神に転化したことは、明らかである。牛頭天王も同様の過程を歩んだものと思われる。というよりも、牛頭天王こそ、その「殺牛祭神」の漢神の神仏習合化の結果そのものといえよう。ただし、牛頭天王説話は、朝鮮からの「蘇民将来子孫」を守るという説話をもっていたとすれば、単なる行疫神から、疫病防禦神に転化して、日本に渡来したといえる。そして現在残るもっとも古い説話である『簠簋《ほき》内伝』記載のものは、祇園社務の晴朝が、陰陽道の暦家の思想によって記したものであるので、仏教色が薄い。しかし、これは鎌倉後期のものであるから、それ以前の牛頭天王信仰は、以上の漢神信仰のように、神仏習合色の強いものであったと考えられよう。

五　須佐之男尊との習合

牛頭天王はやがて、須佐之男尊（以下スサノオの尊とする）と習合し、その関係から婆梨釆女は、スサノオの妻の奇稲田姫《くしなだひめ》（櫛名田姫とも）と習合する。八王子にもそれぞれ記紀神話の神があてられることとなった。

それはいつごろからであろうか。そのもっとも早い例は、「備後国風土記逸文」の「疫隅 国社《えのくまのくにつやしろ》」の項である。これは卜部吉田兼方が十三世紀後半に著した『釈日本紀』に引かれているものであるが、のちに同じく卜部家が戦国時代に編纂した『二十二社註式』の祇園社の条に引かれているものである。

話は、疫隅の国社（江熊祇園社）の縁起で、昔、北海の武塔《むとう》の神が、南の海の女子に夜這いに出たところが日が暮れた。そこに将来という兄弟が二人いたが、弟の将来は金持ちであったが宿を拒み、貧乏な兄の蘇民将来が宿を貸して接待した。のちに八柱の御子をえて帰ってきたときに、弟の将来に報いをしようと、武塔の神がいったところ、兄の蘇民将来が自分の娘ともう一人の女が弟の家にいるといった。それで武塔の神は、「茅の輪をもって腰につけよ」といって、その夜に、その娘ひとりを残してすべてを殺してしまった。そして「吾は速須佐雄《はやすさのお》の神である。のちの世に疫気あらば、蘇民将来の子孫といって、茅の輪を腰につけた人は免れることができよう」と託宣したというのである。

この話は、早くから注目されて、『釈日本紀』『二十二社註式』は祇園社本縁だとしている。この風土記逸文については、古代の風土記逸文とする秋本吉郎氏の説、延長年中のものとする河村秀與氏・柴田実氏の説、鎌倉時代の偽作とする井上通泰氏の説がある。井上氏はその理由を「スサノオノ尊はもとより天神なり。然るに之を祭神とせる社を国社というは如何」ということと、文体書式が宣命書であることは他国の風土記には見ないということ、『簠簋内伝』より新しいこと、『釈日本紀』に引用されていることから、平安末期・鎌倉初期とされた。村山修一氏は鎌倉偽作説である。

西田長男氏は、井上氏の説にしたがって古風土記の逸文ではないとされている。しかし、これは祇園社の本縁ではなく、疫隅国社（江熊祇園社）のそれであるが、おそらくは祇園社領の備後国小童保《しちのほ》の小童祇園社（須佐神社）のように、備後国が祇園造営料国になることが多かったゆえに、分社として勧請されたものであり、国社という表現は、平安時代のものと考えられている。あるいはこの地方の産土神が、祇園社と関係ができるに及んでその主祭神を牛頭天王にしたものと推定されている。

以上のように、古風土記逸文でないことを認めるとするならば、『釈日本紀』が、もっとも古い武塔天神＝速須佐雄神の習合説の記述であるといえよう。秋本氏は牛頭天王は武塔天神と同じではないといわれ、西田氏は江熊祇園社のそれであって祇園社の本縁ではないといわれているが、いずれにしても、牛頭天王は武塔天神であるとも、その子であるともいわれているから、その習合の記述と考えてよいであろう。

柴田実氏はこれを垂迹説というよりは追いやらわれる神としての観念連合のようなものだといわれているが、とにかく鎌倉後期ごろ、蒙古襲来によって、神道説の日本中心説は盛んになってゆくが、その傾向を受けて、この習合説は展開した。というよりも悪疫除災の神として信仰の厚い牛頭天王を、異国の神ではなく、日本の記紀神話の神として定着させる必要があり、追いやらわれる神として、スサノオの尊との習合が図られる結果となった。すなわち、神道理論の展開の過程に、祇園の牛頭天王の広範な信仰を受けて、牛頭天王と習合したスサノオの尊が、宇宙根源の神として位置づけられることとなった。以下に少し、その過程をたどってみよう。

さて、『釈日本紀』は兼方が父兼文の講義を聞きながらまとめたかたちを取るものであるが、そこでこの逸文に続いていう。祇園社三所は何の神かと問うたのに対して、先師（父兼文）は、この国記に書かれているところでは、「武塔天神は素戔嗚尊、少将井は本御前と号して奇稲田姫《くしなだひめ》か、南海神の女子は今御前か」といわれた。祇園は異国の神と号しているのにそうではないのでは、と重ねて問うと、先師がいわれるのに「素戔嗚尊ははじめに新羅に行かれ、日本に帰られる趣が記録に見られる。それ故に異国神の説が出た。祇園が行疫神であり、武塔天神の御名は世の知るところであるが、しかるに〈吾は速須佐雄能神なり〉といわれているということだ。それは素戔嗚尊である。この記に見られる以上、信を取るべきである。御霊会の時、四条京極において栗御飯を供え奉る由、伝承するのは、これは蘇民将来の因縁である」。また祇園神殿の下に龍宮に通ずる穴があるという由、古来申し伝えているが、北海の神が南の海の神の女子に通われたことと符合するか、と記されている。

すなわち、「祇園は異国の神と号するに然らざるか」と問うていることから見て、当時において、新説であったことがわかる。しかし、正室の奇稲田姫は南海の龍王の娘というのはおかしいので、別に龍王の娘として今御前を作って次妻にして、八王子をなくしてしまっている。少将井殿が龍王の娘で、井戸の上に神輿をおくという王朝時代以来の説話も否定してしまっているのである。

私は疫隅社縁起のところは、秋本氏のいわれるように、古風土記逸文か、あるいは西田・柴田両氏のいわれるように、平安期のものにしても、「吾は速須佐雄能神なり」という牛頭天王との習合の部分だけが、この卜部兼方あるいは父の兼文によって挿入されたのではないか、と考える。そうでないと、平安時代にあれだけ牛頭天王が崇敬され、天皇・院・女院などが奉幣しながら、「素戔嗚尊」（速須佐雄能神）がまったく出てこないのはおかしい。また、異国の神や、名もない地域神が、皇室祖先神に習合していくのも、この蒙古襲来の影響もあって、文永・弘安ごろから中世後期にかけて高まっていく時代風潮だからである（脇田一九九〇・九一）。

さてその後、この説は踏襲されていったようである。兼方の平野流卜部氏の日本紀研究は、パトロン的存在であった一条家や、吉田流の卜部氏にも伝えられていった。その一族であった比叡山の僧侶の慈遍、彼は『徒然草』の兼好法師の兄弟であるが、神道理論を高めて、日本を根、中国を枝葉、インドを果実にたとえて、のちの吉田兼倶の根葉花実説にいたるのである。

次いでスサノオの尊習合説が現れるのは、一条兼良作で、応永二十九年（一四二二）と文亀三年（一五〇三）の奥書を有する『公事根源』である。この書は、祇園御霊会として「素戔嗚尊の童部にて、牛頭天皇とも、武塔天神とも申す也」と書いて、童部にしてしまって、牛頭天王と武塔天神が同じものと念を押したところを除いて、あとはこの『釈日本紀』とまったく同じである。しかし、その後に、「又祇園の縁起にのせていはく」として、天竺より北国の吉祥という国の王が牛頭天皇＝武塔天神であり、沙渇羅龍王の女を后にして八王子を生むという通常の神話を載せている。双方を載せて意見は書いていない。この祇園の縁起というものは、現在の『八坂神社記録』の「牛頭天王縁起」より古いものを見たことになる。しかし、これは前途した『簠簋内伝』とも吉田家旧蔵本とも違うので、他のものがあり、それを見たものと思える。

一条兼良は吉田兼凞《かねひろ》の弟子である父経嗣《つねつぐ》から吉田家の教学を伝えており、吉田家はまた、平野の卜部流の教学を伝えており、兼方の『釈日本紀』の訓詁《くんこ》的故実的注釈も行い、伊勢神道・両部《りようぶ》神道や北畠親房の説も取り入れて、独自の理論を作り上げた。それは神道が儒教・仏教・道教三教と一致しているとして、さまざまな例をあげて説明する。そして顕露は人の道で悪は皇帝が罰し、幽冥は神の道で鬼神が罰すると述べて、仏教の来世観の延長のような説を展開した。彼の説は続く吉田兼倶に大きな影響を与えた（村山一九八七）。

さて吉田兼倶も関係している卜部吉田家の著述である『二十二社註式』では、

西間　本御前、奇稲田媛垂跡、一名婆利女。一名少将井。脚摩乳手摩乳女

中間　牛頭天皇、号大政所、進雄尊垂迹

東間　蛇毒気神、龍王女、今御前也、

と書かれていて、『簠簋内伝』などの牛頭天王説話と、スサノオの尊垂迹説とが混交したような話になっている。しかも、西間を本妻として、東間に龍王女を今御前とするのは『釈日本紀』の兼方父子の問答と同じで、それによったと見ることができる。

吉田兼倶は、「新羅《しんら》大明神ハ素戔嗚尊也、震旦《しんたん》ノ開闢《かいびゃく》ハ盤古王《ばんこおう》也、是又素戔嗚尊也」といって、スサノオの尊が世界国土の開闢者となり、その子大国主に国を与えたが、大国主には七つの名があって、大己貴《おおなむち》・大物主・三輪明神・金毘羅神・摩多羅神などを大国主の同一異名としている。そしてこの国作大己貴尊が天孫瓊瓊杵尊に国譲りするという筋になっていく（今中一九六七）。

このスサノオの尊垂迹説は、吉田兼倶の子で、儒学を講じる明経道の清原家を継いだ清原宣賢にいたって、神道の世界観の中心に位置づけられて、大きな展開を見せるのである。彼は兼倶や兼良の学を踏襲しながら、宣賢自身の考えを展開する。それは林羅山に継承されていき、儒家神道の潮流とな

っていく。その彼の説は、自然現象の調和を神あるいは天道と把握して、形而上・形而下・自然・人間すべての生命と創造の現象を汎神論的に一心とする。一心は心王で、天地人三才を司るものという心性の学を象徴するが、同時に世界国土開闢のスサノオの尊以来の神国の王者が政治的にも天地人を司るべきだ、というもので、江戸時代の民族主義につながっていくものであった（今中一九六七）。

以上によって、スサノオの尊が天地開闢の中心に座ることになった。村山氏が紹介され、すでに見たような、天台宗妙法院所蔵の観応元年（一三五〇）の奥書にある「神像絵巻」は、天神七代が十一体で、地神五代が天照大神以下である。次に盤古王および五帝龍王が六体、最後に牛頭天王が描かれ、薬師如来の垂迹で、日光、月光三仏合体の秘仏と記されているという。おそらくは天台僧であったという慈遍が天地開闢にこだわったことなどと同一の時代風潮であろう。

以上のようなスサノオの尊垂迹説は、一般の文化にも大きな影響をもたらしている。例えば当時の流行の頂点にあった能楽・狂言では、詞章のはしばしにその影響が見られる。能楽「草子洗小町」は、宮廷の歌合のめでたさに、聖代をことほいだ最後の大団円に、「素戔嗚の尊の守り給える神国なれば」と謡われるのである。なぜ、天照大神ではなくて、スサノオの尊なのか、といえばやはり、この牛頭天王＝スサノオの尊の影響を考えざるを得ない。

また、狂言の小歌の「貝尽くし」では、いろいろの貝を題材にして面白く歌ったあと「天地人のさざえとなりて、治まる御世こそめでたけれ」で終わりになる。この「さざえ」は、天地人の「三才」

を引っかけているので、この洒落がわかるほどに、「天地人の三才」の言葉が、貴族から村々町々の庶民までを含んでいた能楽や狂言の愛好者に、浸透していたことがわかるのである。この「貝尽くし」は、「玉井」という曲の「小書」（特別演出）で、間狂言に大勢の貝が登場して、酒宴をしてこの「貝尽くし」を謡うものである。「玉井」は『日本書紀』の彦火火出見尊の龍宮入りの神話――海幸彦・山幸彦――をそのまま脚色したもので、観世小次郎信光の作品であるから、戦国時代のものである。その替間《かえあい》である「貝尽くし」は、あるいはもっと時代が下がるかも知れないが、とにかく、吉田神道的色彩が濃厚である。

室町・戦国時代というのは、戦国乱世ではあるが、津々浦々、村々町々の庶民の共同体が力をもってきて、自分たちの権利を主張するために、自分たちの祭ってきた無名の共同体祭神の神格を高めて、近在の村や町や、支配を強化しようとする領主権力に対抗しようとする風潮にあった。そのなかで無名の地域の神々が、皇室祖先神に習合していく傾向も多かった。

その動きをキャッチして、宗教編成をたくみに行ったのが、吉田兼倶とその後継者である。兼倶は諸国の無名の神々を天皇に申請したと称して、大明神号などの神格を与えて、郷村神社を組織した（萩原一九六二）。それは将軍の権力・権威低下のなかでの天皇の相対的な権威浮上の時代趨勢（脇田一九九〇・九一）にのっとっており、諸国の大名が領国内の宗教を統制して民心を編成する動向と、たくみに連動していたのである。その神道編成の中核には、民衆の疫病除災の要求を汲み取った牛頭天王の信仰を吸収したスサノオの尊が、天地創造の神として君臨することになっていたのである。

第四章　祭りを支えた人々

一　神人としての座々の商人

寺社には、付属して種々の奉仕をすると同時に、その代わりに課役の免除とか、営業上の特権を得るという、奉仕と御恩の関係を結ぶ人々があった。それを寺では寄人《よりうど》といい、神社では神人《じにん》といった。祇園神人、八幡神人、日吉《ひえ》神人などである。かれらは国家課役を免除されて、その代わりのものを、祇園社などの従属している寺社に納めるのである。だから朝廷から見れば、そこから入る課税分を寄進したことになるのである。通常は従属関係が成立していて、それを国家に認証してもらうことが、寄進と表現されることが多かった。

そのように祇園社には、初期から神人がいて、勢力を持っていた。元亨三年（一三二三）の『社家条々記録』では、元慶三年（八七九）に、疫病除災の功験があって、叡感のあまりに（天皇が感動して）、陽成天皇が堀川十二町の流れを祇園社に寄進して、その流れで材木商売をしている材木商人を神人として寄進した。その神人は左右方で三百六十人であったとしている。これが最初の神領であり、根本《こんぽん》神人であるといっている。しかし、そのうちの左右二十人ずつを、白河院の時に法勝寺《ほっしょうじ》に寄付されたので減少したが、土地の所有は元のままだと記している。この年と人数がそうであるかはともかく、堀川が祇園の領有であったのは、すでに述べたように、鎌倉時代の祇園社が領有地として検断《けんだん》権（警察・裁判権）を行使した土地のなかに、堀川の錦小路、四条、五条、六条坊門が見られることから確実である。その堀川の流れに乗って洛中に入ってくる材木で営業している材木商人が、中世を通じて祇園社に従属したことは、神輿渡御の時に、鴨川に浮橋《うきはし》を架けるのがかれらの所役となっていたことからもわかる。ただし、かれらは堀川の河原近くに平安期には居住していたかも知れないが、室町期には第二図（一一三ページ）のように洛中に散在している。

もうひとつ初期からのものは、神子のところで述べるように、元慶四年（八八〇）、同天皇が局行《つぼねゆき》神事《じんじ》を行うために、洛中白河男女八乙女《やおとめ》が祇園社を本所として社家に従属することを許したと伝え、同年、洛中白河辻職《つじしょく》、餅菓子上分《じょうぶん》（得分）を七月七日の節句の費用を弁ずる料所として、当社巫女の右方四座の一臈《いちろう》（最長老）が相伝《そうでん》奉行した、と記している。意味するところは、局行神事のために、洛中や祇園社の近くの白河の男女や八乙女が社家に付属することが認められ、また、その費用のために洛中や白河の辻での売買や餅菓子を得る人々の営業税が、巫女座の右座の一臈の代々に与えられた、ということである。営業税徴収としては、少し時代が早く、一般には京都市中に成立するのは源平動乱時である。しかし、京都市中で商工業を営む座々の商人が神人となって奉仕をして、特権を獲得するという起源を示す説話といえよう。

さて、かかる神人たちは、相当の権限を持ったようである。天延二年（九七四）祇園感神院は興福寺末から天台宗比叡山延暦寺末の別院となると『日本紀略』は伝えるが、『今昔物語集』（巻三一―二四）の伝えるところでは、祇園の別当の良算《ろうざん》というものが、天台末寺の紅葉を取ろうとして揉め事を起こし、それに乗じた天台座主《ざす》の良源が、比叡山の所司をして、祇園の神人たちを脅迫させて、祇園の神人たちが、「延暦寺ニ寄スル寄文《よせぶみ》ヲ書儲《かきもう》ケテ、〈其レニ判ヲ加ヘヨ〉ト押責《おしせめ》ケレバ、神人等被責侘《せめられわび》テ判ヲ加《くわえ》テケリ」、その後、延暦寺と興福寺との合戦が開かれんとしたが、興福寺側に利がなかったよしが書かれている。祇園感神院が慈恵大師《じえだいし》良源に付され、良源が天台宗別院としたのは『慈慧大師伝』にも書かれて明らかであるが、ここで注目したいのは、神人に寄文（寄進状）の判をさせたのが通ったということである。実際には、合戦が起こりかけたり、朝廷での裁決があるわけであるが、神人に判をさせる必要があり、神人の動向が物をいったことは注目されてよい。

中世の村落では、村持ちの寺や神社があって、その住職や神主は、村の惣中《そうちゅう》（自治機関）が任命する所が多い。神社などは廻《まわ》り神主制といって、村人が順番に勤める所もある。そのことと考えあわせると、祇園社も観慶寺はともかくとして、祇園感神院の主体は、神人ではなかったか。かれらが主体となって、京都ではより大きな力を持つ比叡山の傘の下に入りたい、その要望を座主良源はうまく組織して、大きな影響力を持ちつつある祇園感神院を支配下に入れてしまった。その経緯を伝える説話ではないかと考える。

さて、祇園御霊会においても、神人は大変力を持った。騒動を起こさないと記録には残らないから、騒動ばかり起こしているようであるが、それは活力の現れと理解していただきたい。永長の大田楽で知られる永長元年（一〇九六）には、早くも六月七日の神輿迎えで、院（上皇）所属の壁工と神人が悶着を起こし、大乱闘を演じている（『後二条師通記』）。長治二年（一一〇五）には、検非違使の随兵《ずいへい》と事を起こして闘争（『百錬抄』）。天永二年（一一一一）には、皇后宮の封物《ふうもつ》（皇后に入る税金）を借金の差押えといって押し取ったので、罪にしようとしたところ、神人たちが抵抗して、祇園御霊会ができなくなった。調べてみると神人の方に理があったので、神人を許して、祇園祭を挙行している（『中右記』）。

金融業務で巨富を築いていたことでは日吉神人が有名であるが、祇園神人も同様であったことがわかる。おそらくは皇后宮家の家司《けいし》などの借金の揉め事と思われる。保安三年（一一二二）の御霊会では、上総介敦俊というものと神人とが闘争して、神人らは神輿をかの家中に舁《か》き入れる騒ぎがあった。この時は、張本人の神人が禁獄されている。このころから神人悪行《あくぎょう》が問題となり、だんだん神人の勢力は落ちてゆくのである。

さて、源平動乱ごろになると、先に述べたように、戦乱で物資が入ってこなくなって、朝廷では京中で商品を売買している商人に課税して、営業税を取り立てるようになってくる（脇田一九六九）。寺社もそれにならって、商工業者を従属させて、神仏への奉仕という名目で課税して、新加の神人とし、種々の営業特権を与えるようになった。祇園社も洛中の中心地を祭礼地域として持っているから、従属する商工業者も多く、それらを組織して、神輿渡御の道々で奉仕をさせ、威儀を増すようになるのである。

それでは神輿渡御の行列に、座々の神人たちが奉仕する様を見よう。

はじめに神輿はしずしずと、堀川材木神人によって架けられた鴨川の浮橋を渡ってくる。神輿が洛中に入ると、まず四条高倉で、綿本座《わたほんざ》という大商人たちが、神供米《じんくまい》四、五十（単位が不明）を献じて、「下居御供神人《しもいおんくじにん》」と呼ばれた。摂津今宮《いまみや》から来る蛤売りが大宮駕輿丁《おおみやがよちょう》と呼ばれ、大宮（牛頭天王）の神輿を担ぐことになっていた。神輿は平安期には、神人が担いでいるのはすでに見たが、洪水で鴨川から大坂まで流された神輿を、今宮の蛤売りたちが、返してきた縁で、担ぐようになったといい伝えられている。その虚実はわからないが、京都に上って、蛤などを売り歩きたい商人たちが、祇園社に申し出て、駕輿丁の奉仕をして営業権を獲得したものであろう。柑類《こうるい》の座は犀鉾《さいのほこ》神人と呼ばれているのから見て、鉾を出したのであろう。白河鉾というのが、『尺素往来《せきそおうらい》』に出てくるが、前述したように、これは祇園社に近い白河の土地の人々が出す鉾であろう。その他、小袖を商う人々の座の小袖座《こそでざ》は安居《あんご》神人と呼ばれ、安居（雨期の僧侶の修行）の費用を出したものであろうし、のちに述べるように綿新座は年二百文の御節供料を出して市中交易を認められていた。何らかの神仏への奉仕を名目として、市中の営業権を確保していたのである。

以上のような祇園社所属の神人については、祭礼区域が洛中の中心部であり、京都の商工業の中枢であることから、古くから中世商業を論じる際に、必ず素材とされてきた。その本格的な研究は、まず豊田武氏からはじまる。その後、赤松俊秀氏の町座の研究など、枚挙に暇がない。私もこの祇園の諸座によって、京都の中世商業の実態を研究してきたのである（脇田一九六九）。

まず、問題となるのは、綿本座と綿新座の康永二年（一三四三）の争論であろう。これは建長八年（一二五六）にはすでに、綿商人神人として史料に出てきて、三条町・七条町と錦小路町に定住店舗を構えて営業していた綿本座商人たち――かれらはみずから「町人」といっている――が、振売《ふりう》りの里《さと》商人である綿新座商人を、本座の営業独占権侵害で、当時の京都の裁判権を握っている検非違使庁に訴えた事件である。この振売り商人たちは、阿久利女《あぐりめ》などという名が示すように女商人が多かったのである。本座は、座というのは商売のための座であるから、新しく加わることを許さぬと主張したのに対し、新座は、座とは神人の奉仕の座であるから、神に対するお供えなどをすれば、いくら増加しても構わないのだ、という論理であった。

これは収入を増やそうとする社家側に認められて、結局裁決では新座―社家の勝利となった。しかし、この争論から、力を伸ばし、営業独占権を主張して自己の権益を守ろうとする綿本座商人と、営業税を取れば、いくら商人の数が増えてもよいとする社家側の利害が相反するものとなっていること、富を増やし、自治を高めようとする商人と、課税権を主張し、商人支配を強化しようとする領主側の対立が、もろに出た最初の事件と見ることができる。かつては、商人の組合ともいうべき「座」が、神人の「奉仕の座」か、営業のための組合的な「商売の座」か、ということが、この祇園の綿本座と綿新座の営業権をめぐっての争論の史料を素材に論じられ、「座論争」といわれた研究史があった。

西洋の中世都市に開花した市民自治の歴史は、この綿本座のような特権的な座が、力を強めて連合して、都市の行政権を掌握する、その歴史である。日本の中世都市、京都ではそのような座が出てきたけれども、まずは社家—本座—新座との三角関係のなかで、社家—新座の連合体に負けてしまった。この対立は、室町幕府の酒屋土倉役《さかやどそうやく》（営業税）賦課《ふか》と同じ性質のものであり、織田信長の楽市や豊臣秀吉の楽市楽座まで、一貫して領主が商工業にまで主導権を持つ政策にいたるのである。そこでは新興の小売商人にはいいのだが、中間に位置する大商人の権益が領主権力に圧迫されて保証されない。そういう問題点をいつも抱えることとなる。

次に根本神人といわれ、神輿渡御の際には、鴨川に浮橋（通常は船を繋いでその上に板を渡す）を架けた堀川材木神人について述べよう。

京都は首都として大きな都市であるから、材木の需要は多量であった。平安時代からの材木の供給に従事した材木神人が、大きな力を持ったことはいうまでもない。しかも、かれらは「大鋸板《おがいた》」の専売権を持っていた。豊臣秀吉の所司代であった前田玄以《げんい》によって、洛中における「大鋸板」の専売権を認められていることから見て、室町時代には「大鋸板」の専売権を行使していたといえよう。「大鋸板」というのは、鎌倉時代に中国から日本に入ってきた、二人がかりで使う縦引き鋸で切り割った

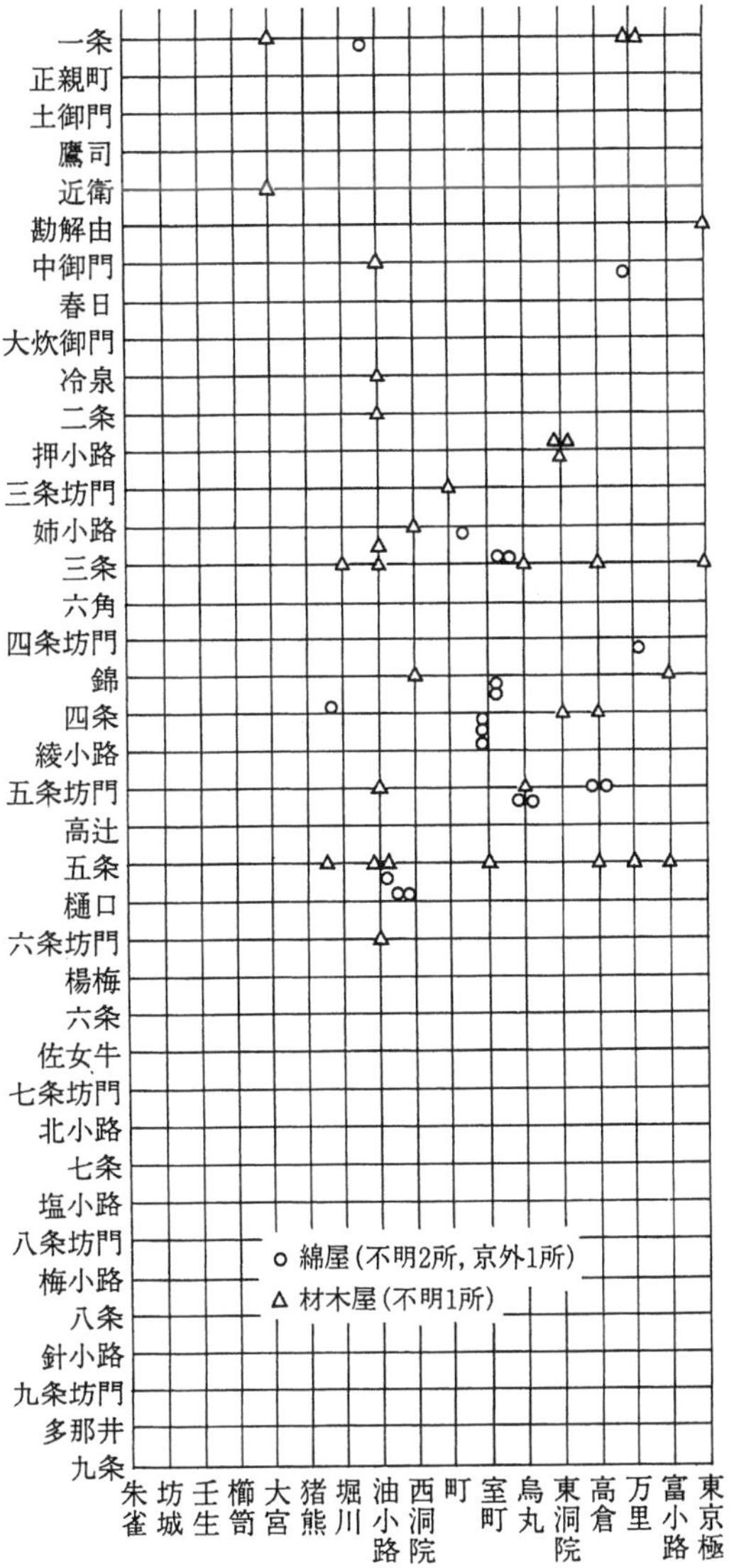

第二図　堀川材木座神人と綿本座神人在所図

板のことである。大鋸で引くと、たくさん板が取れるので、より安価に提供できる。「大鋸板」は洛中を風靡したに違いない。しかもその大鋸は入手しにくいものだから、それが既得権となって、洛中に専売権を行使したものであろう。時あたかも座が営業独占権を主張しはじめるころであった。

堀川十二町は祇園社の神領といわれ、鎌倉時代にも祇園社が境内の地などと同じく、検断権を持っていることはすでに述べた。平安中期には、神輿渡御は堀川三条までで、そこに列見《れつけ》の辻《つじ》があった。しかし、応永年間の材木神人の書き出しを見ると、第二図のように、堀川に住んでいるのは、三十四名中十名に過ぎない。堀川というのは流れを利用しての材木の集散地であって、そこで営業する人々のことなのであろう。四府駕輿丁座《しふのがよちょうざ》という朝廷所属の材木商人もいて、やがてその上部に、領主を問わず、業種で結束する「木屋座《きやざ》」というものを結成していくのである。

すでに第二章二節で述べた高辻東洞院の大政所御旅所の神主の争論の証拠史料として、永享三年（一四三一）に、神主の子孫の松寿丸が得分（課税収益）を書き出したものを次に掲げる。

案文

一、大政所四町〻

一、小袖座 一年一度 土貢七貫文 若衆方大政所知行、老衆方勢多判官知行

一、売物買 一年一度 古てと号 土貢五貫文 執行当知行

一、腰座 一年一度 土貢五百文、無主 直垂之腰聖道ヲヒ公事

『群書類従』第二十八集雑部　七十一番職人歌合より猿がく（左）、すあい・およう（右）

一、練絹座　一年一度　土貢壱貫文
一、御幣析　毎年三百貫内　百五十貫文　今者七十貫、執行請取也
　　　已上

大政所神主の得分としては、大政所四丁町（町一区画）と馬上役の百五十貫文の上に、小袖座・売物買（古手《ふるて》座《ざ》）・腰座・練絹《ねりぎぬ》座《ざ》から貢納を取り立てている。先述の綿座と並んで、小袖座・腰座・練絹座などの京都の主要産業である繊維の商売から取り立てているのは大きい。ただし、綿座が洛中全体の独占権を持っており、祇園社に所属していたのとは違って、これらは下京あるいは大政所近辺の営業権獲得のための貢納であろう。大政所四丁町の境内のなかでの商売のためかも知れない。本所は別にあって、販売の地域地域に行って営業し、営業税を納めている関係であろう。

　ただし、小袖座は大きいものであった。豊田氏も紹介されているように、応永二十三年（一四一六）ごろ、小袖屋経意というものが立本寺を建立しているし、六角室町の小袖屋秀句は尼崎の塩屋とともに、本応寺を建立している。練絹座というのは、横糸を練糸にして織った平絹を扱う座であるが、戦国期に、綾織りなどの大舎人座《おおどねりざ》と京都の織物業界を二分して争った練貫座《ねりぬきざ》との系譜関係はわからない。おそらくはその前身だと思うが、小袖座も練絹座も、業種にしては、課税額が少ないので、その地域で店を張っている単なる営業税だと思う（脇田一九六九）。

興味深いのは、売物買（古手座）である。これは「すあい」といわれたり、「おようや候」と呼ばわって歩くので、「およう の尼」などと呼ばれ、それを茶化した面白い「お伽草子」がある。狂言の題材にもなりそうなものである。衣類、茶道具などの古手を売買するのだが、大きな袋をもって商いをし、便利屋のような用足しをして、時には女を世話するといったものであるが、その貢納高が、小袖座の七貫文に対して、五貫文と大きいのにはびっくりする。立派な小袖に比べて商い高が大きかったのである。

以上から見て、大政所のあたりは、御旅所を中心に寺社門前町として、相当に繁華な町場を形成していたようである。御旅所の四丁町も社殿があっただけでなく、打物師《うちものし》（鍛冶）や塗師《ぬし》の業阿弥《ごうあみ》というものが住んでいた。鎌倉時代に、祇園社が検断権を行使できた領地ともいうべきものを書き出した書付によれば、大政所敷地の住人が五例あり、少将井敷地住人が一例ある。境内など全体五十八例のうちであるから、相当の比率である。御旅所には、たくさんの住人が住んでいて、何らかの商売をしていたのだと思われる。また、御旅所の社殿も神主だけでなくて、若衆方・老衆方の組織があったらしいのは、小袖座の得分をわけているのからわかる。小屋掛けの土産物屋などがひしめいていたのではなかろうか。それは少将井の御旅所も同様の事情だったと思われる。

二　神輿渡御と「神子」

後白河院の命で作成されたという『年中行事絵巻』の「祇園御霊会」には、神輿の渡御の場面では、三基の神輿とも、三人の巫女がそれぞれ付き添って馬上で行進している。文献においても、例えばすでに述べた『中右記』の大治二年（一一二七）六月十四日条には、「祇園御霊会、四方殿上人、馬長、童、巫女、種女、田楽、各数百人」と書かれていて、巫女が付き添っていたことがわかる。神が乗って遊幸すると信じられていた神輿には、託宣するものが付き添わないかぎり、神意は窺い知ることはできないからである。

貞治四年（一三六五）に将軍足利義詮《あしかがよしあきら》の母、大方殿が病気となり、祇園社天神が巫女に託宣して、わが社に鳥居がない、元弘以来の武将を擁護したのを汝知らざるや、といったので幕府は三つの鳥居を建立している（『祇園三鳥居建立記』）。

康永四年（一三四五）の祭礼の時の「社家得分」の書き上げ（『八坂神社記録』）には「渡神子内三人

『年中行事絵巻』巫女馬上の図

祝、布施三百文」があげられていて、お渡りすなわち神輿渡御に付き添う三人の「神子」（巫女）がいたことは、南北朝期も同様であったらしい。

今まで述べてきたように、牛頭天王という渡来の疫神であり、神仏習合によって、感神院の支配下になり、また、比叡山延暦寺の末寺末社となっている祇園社であるが、巫女の神楽《かぐら》や託宣は中世を通じて行われていた。中世末期に描かれたといわれる『祇園社大政所絵図』は、神輿が渡御した時の大政所御旅所の絵図で「社寺参詣曼陀羅」の一種であるが、大政所の社頭では、折しも数人の巫女によって「湯立《ゆだて》神楽」が行われている。この巫女たちが、のちに説明するような御旅所に所属する巫女なのか、神輿に付いてきた巫女たちなのか、あるいは双方なのか、残念ながらわからない。それにしても、神の託宣を聞き湯立神楽を行うかかる巫女たちが、神と人々の間に介在していたことは、忘れられてしまっている事柄なのである。詳細や論証過程は「中世祇園社の『神子』について」に譲り（脇田一九九二）、ここでは、旧稿にしたがって、祇園社の「神子」についての大体を述べよう。

三　社座神子と大座

南北朝時代の『社家記録』によると、「神子」たちの神事としては、「神子」たちのお渡りのような「局行神事《つぼねゆきじんじ》」と、宮廷の踏歌《とうか》のような「踏歌神事」が行われている。この「局行神事」は、元亨三年（一三二三）の『社家条々記録』には、元慶四年（八八〇）に、叡感のあまりに、大内から当社に移行した。それ以来二月一日から七日まで行うことになった。それより洛中白河の男女八乙女がことごとく当社を本所として従ってきて、社家の管轄するところである、と記している。この時かどうかはわからないが、宮廷の儀礼の影響を受けて、古くから行われているものであることは確かであり、この『社家条々記録』や『社家記録』の書かれた鎌倉末期から南北朝期に盛んに行われていたものである。「局行神事」は、暁に行われて、犬神人《いぬじにん》が松明《たいまつ》を持って警護して、「神子」たちは「暁壇供《あかつきだんく》」の「簿（薄カ）餅」を、局ごとに一枚お供えをして、それが感神院別当の得分《とくぶん》となっていた。正平七年（一三五二）には、「局行五巻神事」は局頭八人、渡神子《わたりみこ》三十八人、美女《びじょ》（便女—召使の女）八人であった。それには左方神子と右方神子がいて、左方神子は、八座三十八人、美女八人で、一座が大座《たいざ》といって全体を仕切っていたらしい。右方は一座＝大座と三座がなくなっていて、七座までで神子十一人、美女四人であり、いささか衰退気味である。座一つで局一つということで、座＝局別に二百文の酒肴料と茎立銭《くきたちせん》（お菜の代金）二十文を社家に納入することになっていた。大座の一臈（最長老）は「惣《そう》一職《いっしき》」といわれて、祝布施《ふせ》五百文と酒肴料三百文を社家に納入することになっていた。すなわち左方座三十八人、右方座十一人で、それぞれ美女を従えている。社家への進納物が多いのは、それだけ収益も多かったと見ることができよう。おそらく大座から新座のようなものがどんどん増えていって、時によっては「左方九座」などと書き上げられている。神事の時に奉仕して、巫女商売を行うものが、結構増えていたことがわかる。

応永二十六年（一四一九）には、「祇園社座神子大座役」を勤める「大座女」が請文を捧げており、六月一日の河原の千祓《せんはらい》の所役《しょやく》（つとめ）と公事五貫文進納を誓って、勤めなかった場合は、「大座職」を召し放たれても異存はないといっている。おそらくこれだけの公事を請け負う以上、「大座職」は、相当の収入を彼女にもたらしたのに違いない。

「神子」には「其本御子物（者カ）廊之御子在之」などと書かれていて、「廊之御子《ひさしのみこ》」といわれたものがあり、大床《おおゆか》に上がって火を灯すのはこの「廊之御子」の役で、のちに述べるような「片羽屋《かたはや》神子」がするのはおかしいといわれている。おそらくこの大座に統率された社座の左右の「神子」が、「廊之御子」

のことであろうと思われる。これは宮廷では、階廊の上までのぼれるのには、位階が高くなくては上がれないから、女房でも「廊の御方」の名称は高い身分を示した。巫女の場合も同様であったから、かく名称したのであろう。

　鎌倉時代の話であるが、弘安五年（一二八二）「しむしやう」というものが、「きおんのたいざ殿」（祇園の大座殿）小野氏あてに摂津国金心寺荘についての越中局子息たちの避文《さりぶみ》（権利放棄書）と本公《ほんく》験《げん》（権利書）を渡している。これは長福寺後家という人から越中局が相続した土地を子息たちが相続しようとしたが、大座の小野氏が長福寺後家からの譲渡の書状を持っていたことから以上のごとくになったらしい。これがどういう経緯によるのかは不明だが、その後、「けむこう」（元亨、あるいは元弘か）年間、祇園の左の大座の「あましやう」は、敬神と夢の告げによって「きおんのやおとめまつゝる女」（祇園の八乙女松鶴女＝巫女）に譲っている。このように大座殿といわれた社座の統率者は、所領の持ち主であり、相当の収益を持つものであった。

　巫女の仕事は、『沙石集』には、和泉式部が貴船社に詣でたという箇所で、和泉式部が貴船社の巫女に頼んで、「敬愛《きょうあい》の祭」を行ったという説話が書かれている。現在のように、ただ単に神社に詣でたり神楽を舞ってもらうのではなくて、巫女に頼んで呪法をしてもらったり、託宣を聞いたりするのである。室町初期の伏見宮貞成《さだふさ》親王の『看聞《かんもん》日記』では、目の上に腫れ物（モノモライか？）ができたり、鳥が家のなかに入って糞をしたりしても、神社の巫女に占わせている（脇田一九九二）から、祇園社の「神子」も、結構仕事が多かったのに違いない。

文禄四年（一五九五）ころの記録では、「神子」の仕事・収益は、神楽の奉納、富（富籤？）、守りや牛玉宝印《ごおうほういん》の販売、諸国への旦那《だんな》（信者）歩《ある》きによる「初穂代《はつほ》」、洛中のうぶ子（産児）の命名による「初穂代」、太刀かたな、絹綿《きぬわた》などの謝礼で、収益は莫大だといわれている。現在のように単に雇われて、神楽などの仕事に従事するのではなく、仕事のすべての収益は巫女たちの配分であり、その一部を社家や別当という上級領主に得分としてささげるという組織であった。

四　宮籠と片羽屋「神子」

祇園社には、社座の神子とは違う組織で、「宮籠《みやこ》」といわれる男女の神子たちがいた。かれらは一名、片羽屋《かたはや》神子、片羽屋衆と呼ばれていた。丹生谷哲一氏は「宮籠」というのは、文字通り、「下殿」とか「大床《おおゆか》の下」に籠居して通夜をして、種々の雑役に従ったことからの呼称であり、かれらが片流れ屋根の粗末な屋舎に居住していたから、片羽屋神子と呼ばれたという。元徳（一三二九〜三二）の『祇園社絵図』では「神子通夜所」と書かれている（黒田龍二一九八五・難波田一九八八）。その組織についてみよう（脇田一九九二）。

観応元年（一三五〇）には、「宮籠新一和尚福女」が他界しており、一和尚《おしよう》といわれていることから、年齢順の座組織をもっていたことがわかる。しかも福女は、良一の母、大夫《たいふ》男の姉と記されていて、既婚者で子供もあり、弟も男神子であった。息子も神子である可能性が高い。宮仕《みやじ》の乙熊《おとくま》法師の娘の若女も宮籠に入っているから、祇園社の下級神職の妻や子が入座している場合が多いのであろう。宮仕は往古神代の御影向《ごようごう》のときから奉仕しているものの子孫だといって、宮仕と宮籠とでは格が違うと差をつけているが、そうはいいつつ全体として親族関係で占められていたものである。

宮籠の座は「片羽屋座」ともいわれた。正平七年（一三五二）には一宮籠大夫が、なにか罪科があったが、詫びをいって許されて神楽の不足の一連（百文）と酒肴料二結《けつ》（二百文カ）を出して勘弁してもらっている。宮籠の神子が出仕するのが「片羽屋座」であったのが、のちには「片羽屋神子」というのが呼び名になってしまったのだと思われる。

「片羽屋座」は女神子、男神子を問わず、臈次（年齢順）で座を構成していた。それがわかるのは、明徳三年（一三九二）の「片羽屋神子神楽用途」五十五貫文の請文に、判をおしているのは、「大夫、二はんしよう（和尚）むめミ子、三はんしようあこミ子」である。おそらくこれも神楽奉納の役をして、収益があるかわりに、五十五貫文を社家に上納したものであろう。おそらく神楽を舞うのが女神子で、男神子は囃子《はやし》を受け持っていたのであろう。そして男神子の長上は、一和尚にならずとも「大夫」といい、女神子の長上は「惣一職」といったようである。

応永二十六年（一四一九）には、「七文八文の御神楽用途請文」というものがあって、やはり五十五貫文の請文を出しているので、片羽屋神子神楽とわかる。十七人が連署していて、臈次もわかるので第四表にした。七文や八文で請け負う神楽の上納銭が五十五貫文になるのだろうか。残念ながら確実なところはわからない。

ところがそれに近く、少し時がさかのぼる年不詳の「百文神楽次配分事」では、神楽銭百文の配分率が書かれている。感神院内部の配分率計五十八文に続き、第四表のように神子たちに計三十九文が配分されている。百文には三文不足であるが、百文は一緡《さし》（つないだお金）では九十八文や九十七文で通用するので、そのゆえかも知れない。これは上納銭ではなくて、配分率であり、七文八文の神楽とは違って、百文も出す神楽の場合は、座はもちろん、感神院内部すべてで分配したらしい。

ところで応永二十六年の「そう（惣）としてまい月二日いせんにさた（沙汰）」するという請文は、「一わんしやう（和尚）四郎大夫、三わんしやううこの二郎」の連署となっている。「惣」としての請文であるにもかかわらず、二和尚の乙女は無視されてしまっている。これは先にあげた明徳の起請文が、男女ともに、「大夫、二和尚むめミ子、三和尚あこミ子」の連署となっていたのに対して、大きな変化である。永正二年（一五〇五）の「片羽屋座中申状」も助左衛門、四郎二郎の連署になっていて、男神子主導が定着していった模様である。

天正六年（一五七八）には、「女房みこや丶」に、社家は「惣一職」の補任状《ぶにんじょう》（任命書）を出し、神子や丶は補任料を出している。「惣一職」の補任状は先例としてないのだが、懇望するので出したと

明徳三年神楽用途請文
大夫
二はんしようむめミ子
三はんしようあこミ子

年不詳	百文神楽次配分事	応永二十六年、七文八文の御神楽
六文	一和尚	
五文	大夫	（一和尚）大夫
		乙女
同	四郎	
四文	おと御子	（乙女へ線）
同	かうおと	
三文	おこの太郎	
二文	おこの二郎	（三和尚）うこの二郎
同	若太郎	
一文	あこ	
同	いなやしや	いぬやさ
同	あこなう	あこなう女
同	かこ	かこ女
同	め丶	め丶女
同	ほうし	
同	まこわか	まこ太郎（点線）
同	むめこ	うめ女
		五郎二郎
		め丶女
		さふ女
		わか二郎
		うこの五郎
		あいちや女
		ひこ女
		ふくれ女

第四表

記されている。明徳・応永のころのことは忘れられているのであろう。その事情は、「女房一和尚の時ハ、二和尚以上諸役いたす由先例なり」と、座中も社代の山本加賀もいっている。ところが二和尚の新介が反対して、「一和尚得分とるうえハ、女房なりとも諸役いたすへきなり」と主張した。執行は新介の申分は無理で、こういう揉め事があるから、やゝは「惣一職」の補任を望んだのだとしている。新介のいい分では、昔「せは」という女房神子が一和尚になったが、諸役は男の名代を立てて勤めたというのである。しかし、執行は、座中もそんなことは知らないといっている、新介のいうことはまったく信用できない、とすげない。ここでは一和尚の女神子やゝに有利に展開している。しかし、女神子の一和尚が諸役を勤めずともよいというのは、女であるから公事諸役を勤められないということが前提になっていて、得分を対等に取るなら、男の名代を立てて勤めろと男側にいわれるほど、むずかしい問題を含んでいた。したがって女神子も対抗して、「惣一職」という女だけの組織の長であるという独自性を強調する必要があったのであろう。

男女共同組織の平等な臈次構成は、男神子の主導権主張の前に崩れ出していた。しかも天正十年(一五八二)には、片羽屋衆は十二人で、女神子は一和尚のやゝと末席のかめの二人だけで、他はすべて男神子であった。神楽を男ばかりではできないし、女神子二人では、やはりむずかしい。片羽屋座というのは、このころには権利団体になっていて、おそらくは、下部組織として巫女の集団があったのかも知れない。または他の巫女を雇って勤めさせていたのかも知れない。

文安五年（一四四八）の宮仕との争論で、宮仕が、片羽屋の衆というのは庭上の掃除の役であったのが、新儀を構えて「御子」と称するようになり、殿上にのぼるのは不敬であると非難している（『八坂神社文書』）。大床には、「廓之神子」がいて殿上では役儀としていた、といっているのは、その「廓之神子」がいなくなったあと、片羽屋座の男女が神子を称して、神楽を行うようになり、さらにそのなかで男神子が主導権を持ち出して、宮仕とも衝突したという事情が見られる。

丹生谷哲一氏によれば、宮籠、片羽屋衆の職掌はその他に、庭上掃除、供花、茶摘・花摘、輿舁《か》き、処刑、大鼓《たいこ》王の舞など多岐にわたっていた。なかでも大鼓王の舞を演じたということは注目される。橋本裕之氏の研究によって、各地の祭りで王の舞が盛んであったことがわかる。祇園御霊会にも院政期には舞人が出て興を添えたのは、記録や『年中行事絵巻』にも出ていることを述べた。それがいつのころかかわりに、宮籠が王の舞で興趣を添えたのかも知れない。

さて、天正十年（一五八二）の二人の女神子のうち、おかめは、文禄三年（一五九四）、「女房公事」の催促に対して、忌中なので忌明けには出すと返答しているが、なぜかそれは、「忠吉」なるものから出されている。座中の男神子にはその名はないので、夫と思われる。おかめの神子としての働きも、夫の管理下に収まっていく傾向にあった。

このように神子という女性が主となる職種でさえ、男性が優位となる傾向が見られるが、それは同時に臈次で統率権がきまるのではなく、世襲化の動きと応じていたのであった。

五　御旅所の「神子」

祇園社には、以上の神子のほかに、御旅所の神子たちがいた。すでに乾元二年（一三〇三）「政所拝殿巫女　兄部職《このこうべしき》」を、千代石女《ちよいしめ》が子息散位《さんみ》（官職のない位階）康仲に譲渡したのを、感神院が認めて補任状《ぶにんじょう》（任命書）を与えている。これはたぶん、大政所御旅所のことと思われる。兄部職はその集団の統率者のことで、この権限が具体的にどのようなものかわからないが、得分権を取る権利であろう。本社の片羽屋座と違って、早くから世襲の権利となってしまっている。

祇園神輿迎えの時、三基の神輿のうち、婆梨采女の神輿だけはわかれて、少将井の御旅所に入る。社伝では長和二年（一〇一三）に神託があって、冷泉東洞院の少将井尼という歌人の後園の井戸の上に安置したと伝える。すでに永久五年（一一一七）には、祇園別宮の少将井が焼けたと伝えるから、このころに存在したのは確実である。この少将井御旅所神子の方が、大政所御旅所より、その実態がまだしもわかるのでしばらく見よう。

「少将井拝殿」の神子「惣一職」を、阿古女《あこめ》というものが、建武二年（一三三五）には感神院から、康永元年（一三四二）には社家執行から任命されている。これもその後史料がなく、次に現れるのは明応九年（一五〇〇）である。「少将井御旅所惣一職」を「御霊惣一芝《しば》」が手継《てつぎ》（世襲・買得などの権利書）をもって譲与・相伝（代々の証文をもって譲る）して認められている。すでに「惣一職」は、明徳・応永の時の片羽屋座のように臈次による任命ではなく、物権となって世襲化したり、売買されたりするものとなっていることがわかる。御霊社の惣一職の巫女の芝は、その権利を買得したものであろう。社家からも安堵状をもらい、さらに幕府奉書まで下付してもらっている。おそらく他社関係者の購入なので、邪魔が入らないように、万全を期したものであろう。少将井御旅所は、御霊社の祭礼氏子地域と境を接していたので、御霊社の巫女が進出してきたものである。また、応仁・文明の乱後、明応九年の祇園会再興の動きのなかで、御旅所の「神子」の組織も整備されつつあった状況のなかでの事件である。

ところが、少将井にも本来からの「座中の神子」がいて、新たに惣一職に補任された御霊社の巫女を認めない。芝のいうところでは、「惣座罷のき候ハて、御霊の一出仕申ましき由」を申して、大勢の人で芝を打擲《ちょうちゃく》したという暴力沙汰になって、御霊の芝は祇園社執行に訴えている。これは当時の商工業座の動きと同じであって、座頭職は本来、臈次による平等構成により座中が任命するものであるが、その職務がだんだん利権化していって、座頭が私物化し、世襲したり、売買したりするようになってくる。その物権化した権利を手に入れたものと、平等性原則を主張して、本来売買できないものだとする座中との間に争いが絶えず、双方が自分たちの権利や立場を主張する裁判がくり返された（脇田一九六九）。

六　駒頭とあるき神子惣中

ところで少将井御旅所には、もう一つ難題が起こっていた。すでに第二章で述べたように、少将井には祭りに欠かすことのできない「駒形稚児」の「狛（駒）頭」があり、これを職掌とする狛大夫家《いえ》次《つぐ》というものがその権限をもって取りしきっていた（『八坂神社文書』一二〇六）。しかし、応仁の乱によって困窮した狛大夫は、御霊社の惣一職の「東女坊」に狛頭を質入れしていた。これをのちに本銭五百文、利息三百文、計八百文で請け出したものの、狛大夫は家が小さくなっており安置する場所がなかったため、一年百文の礼銭で十余年預けていたと主張。しかし、狛頭を所持する東女坊奥女は流《ながれ》質《じち》物だと称して、明応九年の祇園会再興の時の狛頭を勤めたという。いずれにしても狛頭がなければ祭礼が行われないと、祇園社側は困っており、幕府まで訴えたらしく、狛頭を押収したりしないで、上げておいて、争論は争論でするようにという幕府奉行人奉書を「少将井駒方座中」宛にもらっている。この「駒方座中」なるものがどういう性格か明らかではないが、おそらく駒頭の祭礼行事に奉仕することを旨として、何らかの商業特権を持っている集団であろう。さて、東女坊奥女は、明応九年の祇園会再興の時に狛頭役を勤めた実績があるといっている。河原正彦氏は前述のように、この狛頭が現在、上久世から来る「駒形稚児」であるといわれている。

この過程に付随して明らかになるのは、「あるき神子惣中」というものがあって、東女坊奥女がその公事（税）を取り立てる「納所公用代官職《なつしよくようだいかんしき》」の権利を持っていてそれを狛大夫に税徴収させて、徴収した税のうちから十疋（百文）を納めさせたといっていることである。それはとにかく「あるき神子惣中」というものがあって、御霊社の神子の「惣一職」が支配下においていたことがわかる。中山薫氏によれば、岡山の吉備津社の巫女が国中の「あるき巫女」を支配していたようであるが、洛中においても、あるき巫女の集団組織ができていて、それを神社巫女が支配していることがわかる。

七　女神子の行方

前にも少し述べたが、文禄四年（一五九五）祇園社執行の宝寿院祐雅《すけまさ》が、神楽所の女神子が社役を勤めないとして、神子座と争論となり、所司代前田玄以配下の松田勝右衛門尉にまで訴え出たことがあった。その訴状を丹念に読むと、当時の神子の有り様がわかる。興味深いので、煩をいとわず、大意を要約して見てみよう。

①神楽所の神子男女役が、男神子は人夫役用次第、女神子は下女一人を毎日午刻より出すと決まっているのに、女神子のほうは去年九月より出さない。出すようにいったところが女神子は退出してしまって、神楽が闕怠《けたい》した。男神子も去年十二月より人夫役を出さなくなった。しかも神前の

神供を坊舎に運ぶのも神子の役であるのに運ばず、社頭に置き捨てになっている。
②天下太平にて、諸大名衆在京により参詣人も多く、神社に入ってくる金銭も過分に多い。神楽を舞えば、その神楽料を一つずつ配分するので、収入は年中に積もれば過分に多くなる。
③御朱印の社領百四十石からも給分を取っている。
④富（富籤《とみくじ》?）、守り、牛王（牛玉宝印）を諸人に迎えて、初穂代を過分にもらっている。
⑤諸国在々諸々の旦那（信者）歩きをするので、初穂代が過分にある。
⑥洛中のうぶ子（産児）の命名によって初穂代、太刀かたな、絹綿などをもらっている。
以上のような社徳を取れるのは、当坊より任命し、社官になっているからである。社役《しややく》を勤めないのは勝手な所業である。勤めるよう厳しくいってもらうか、または社官としての神子を罷免してほしい。これらの趣をつぶさに所司代に言上してほしい。

以上のように、天下太平で諸大名衆の在京で参詣人も多く、社徳も過分に多い。神楽の奉納があれば配分するので、年中に積もれば莫大になる。諸国在々諸々の旦那歩きをするので、初穂代が過分にあるなどといっている。富籤が牛玉宝印の収益などもあるが、産児の命名まで行って収益が過分であるといわれている。祇園社の信仰は、都市部の発展により人間の集住が多くなるにしたがって、拡大していく。事実、各地の城下町で祇園社が勧請され、祇園祭様式の祭りも流行するから、本社の繁栄もさぞかしであったであろう。

「神子」たちが、洛中の産子の名づけをしてたくさん謝礼をとっていたというのは、とくに興味深い。今でも産子の宮参りの風習があるが、そこで命名してもらったのであろう。柳田国男氏が『女性と民間伝承』で、つとに紹介された越後の「万日《まんにち》の取子《とりこ》」のように、民間の巫女である万日に産子をかたちばかりの養子にして健康祈願をする例があるが、名づけにまで及んでいるのは珍しい。しかし、洛中の祇園社でそうであったことは、中世の各地の神社でも巫女がそういう役割をもっていたのであろう。

この執行の訴状では、神子座が座的権利をもって、社務の補任権をないがしろにして、既得権を主張している様がうかがわれる。所司代は座の既得権より、領主の補任権を重視するものであるから、領主である執行が所司代に訴えたのは当然である。

所司代支配下の松田はこの申状を受け取るやいなや、すぐさま御旅所にいた「神子」たちを追い出して、立ち返ると召し捕ると強硬手段に出ている。結局、「女神子」たちは下女が見つかり次第、公事役を勤めることを起請文で誓約し、事は落着した。

この神楽所の「神子」というものが、今まで述べてきた「神子」のなかのどれにあたるのかは、明らかではないが、大座の「神子」たちは、すでにいなくなっている。役人の松田が御旅所の「神子」たちを追い出したことから見て、御旅所の「神子」たちのようでもある。「男神子」が人夫役をするというところから見て、片羽屋の「神子」たちでもあるようである。後考を待ちたい。「女神子」たちだけでなく、祇園社には、いろいろな役割で、女の人が権利を持っていた。例えば、慶長十年（一六〇五）には、教乗《きょうじょう》の母というものが、当社の末社の山王の子宮を「我等旦那」に建立してもらったので、毎年二百文進納するかわりに、棚守職《たなもりしき》を仰せつけられるようにと願い出ている。この子宮を建立してくれた旦那（信者）が洛中か諸国の人かはわからないが、巫女らしい女性が信者を得て御師《おんし》的な活動をしていたことがわかる。また、同年に虎松丸の母あこが末社の夷之社を建立したので、毎年五百文進納するから宮守職を仰せつけられたいと願い出ている。このように、末社として子宮を建てて社家に願い出て公事銭を進納すると、末社棚守職や宮守職として賽銭《さいせん》が入ってきたのである。おそらく教乗や虎松丸というのは祇園社の社僧であり、その母親も「旦那」を持っているのから見て、巫女などの宗教活動をする人であろう。おそらくはその子宮を中心とする信仰団体があったものと見ることができる。

しかし、祇園社全体でいえば、女性は締め出されていく傾向にあった。康永二年（一三四三）には、観慶寺別当職と蘇民将来社と住房をもっていた定憲の死後、子息定運が相続したが、これも死に、同朋の定賀《じょうが》が管領したが、これを取り返して、定運の母、すなわち定憲の妻が相続した。しかし、上部で「女性の管領、然るべからずの由」の沙汰があったという。観慶寺というのは、感神院の本寺であるから、もっとも由緒正しい寺である。これに女性の別当を認めるというのは、そもそも珍しいことなのである。

南北朝期には、逆に女性の権利が認められていく局面があった。いつの世も乱世になると、女性の権利は強くなる傾向がある。この南北朝期ごろは、領主権が弱くなり、逆に所有権などの物権が強くなって、名主職《みようしゆしき》といわれる名主百姓の土地所有権の方が強くなっていた。相続とか売買によって、女の名主職所有者も認められる傾向が強かったのである。しかし、名主職は、領主の任命によるとする領主側の主張と、土地所有権として、世襲の相続か売買による権利譲渡が優越するという名主側の主張がぶつかって、絶えず揉める傾向にあった（脇田一九九二）。

この定運の母の場合も、世襲の権利を主張しているが、寺側の任命権を主張する執行と対立して、女の管領は不可とする裁定が出たのであろう。観慶寺という感神院の本寺である格式が女性を不可としたことの大きな原因であろうが、そんな寺でさえ、世襲の権利を主張して、おそらくは上から任命された定賀を押しのけて、母が管領すると主張したのは、当時の所領の所有権が強くなり、世襲化した状況を背景とした時代色を抜きにしては考えられない。

祇園社は神社といいながら、神仏習合による僧侶支配が強く、もともと渡来の神であって仏教色が強い。そのため「神子」以外の女性は締め出されていく傾向にあった。「神子」においても、前に述べたように、片羽屋座においては、「男神子」が主導権を持ってくる。

しかもすでに南北朝期ごろには、祇園社の「神子」は、神楽を舞うことを主とし、託宣をしない巫女になっていた可能性が強い。執行の母親が病気になった時、執行はわざわざ、「物付《ものつき》神子」（物憑巫女）を京都下鴨の岩神散所《いわがみさんじょ》から招いて占わせている。しかし一方で、医師や薬師《くすし》を招き、病気祈禱を山伏や巫女にさせるのを迷信だなどと迷っているようすがうかがえる。巫女のシャーマニズム性も希薄になってきて、儀礼的な神楽を舞うだけになってきつつあるが、一方でシャーマニズムそのものを信じる人が、知識層に少なくなってくる。そこに「女神子」の地位の低下の原因があるかも知れない。

前に述べた文禄四年（一五九五）の争論の際、「神楽所神子」が、夫役勤仕を巡って社家と対立・抵抗して、神楽も勤めなかった。社家は「男神子」に対して別の「神子」たちを起用せよ、と命令したが、「男神子」たちは、「女神子」に遠慮して起用しないことがあった。しかし、勝手に起用しようと思えば、できる程度に、「女神子」の地位や芸能が落ちていたことが推測される。

現在の神輿渡御には、神輿に付き添って馬上に威儀を正して進行する「女神子」の姿は見られない。いなせな兄ちゃんたちが、「回せ、回せ」と掛け声勇ましく練り歩いている。「女神子」が神輿に付き添わなくなるのはいつのころからなのであろうか。

すでに『洛中洛外図』の町田家本・上杉家本・舟木家本などの諸本では、祇園会神輿渡御は、先導する武者風流と諸肌脱《もろはだぬ》ぎで神輿を担ぐ男たちが描かれていて、「女神子」の姿は見られない。町田家本は、十六世紀前半成立であるから、すでにそのころには、男たちだけの神輿渡御になってしまっていたらしい。しかし、神輿が出立したあとの祇園社の社殿の前の建物に巫女たちの姿を描いている。また、十六世紀中葉成立といわれる上杉家本には、大政所の御旅所の前に、あるき巫女を二人描いている。これらは巫女の祭りに果たした役割の痕跡を止めているというべきなのだろうか。そしていつのころか、先導している武者風流もなくなってしまうのである。

八　祇園社の犬神人

祇園社には、「犬神人《いぬじにん》」の集団がいて、神輿を先導して、神前を清めたことは有名である。犬神人は「つるめそ」「弦指」とよばれ、弓弦《ゆんづる》を売り歩いたことから、その名がある。犬神人についての研究は多いが、最初の研究は、喜田貞吉氏の「つるめそ（犬神人）考」から始まった。喜田氏所引の「洛東神事記」では、

警固竹引、弦指、俗是六人棒衆云、六波羅弓矢町より出る、愛宕寺の住職替々勤之、六人二行。鑓三筋、弦指弓持十五人、一人並、使番、二人白絹にて檜扇幟を指なり、弦指十八人、一人並、弦指十人、総弦指押一人、太刀弓箭帯す、鑓一筋、（下略）

と並んでいて、「六人の棒の衆」というものが先導する。これは六波羅弓矢町より出て、愛宕寺の住職を六人交代で勤めているものである。その後、鑓や弓を持ち、甲冑を帯した「弦指」たちが多人数で続く。

その行列は同じく喜田氏紹介の『祇園会御祭礼記』も同様である。先頭に裃帯刀の露払い二人、次

七十一番職人歌合より田楽（左）、つるめそ（右）

に「六人の棒の衆」でこれは法師姿、次に甲冑武者二人、七度半の使、次に供廻り、次に鑓、次に弦指十五人を図示して、注記に「弦指三十余人」とある。いずれも多人数である。江戸後期といわれる『祇園御祭礼行烈之図』には、裃帯刀の露払い二人、「六人の棒の衆」、次に使番など描き、「つるめそ凡三十人」の注記は同じである。いずれも多人数で先導したことがわかる。

第五章で述べるように、明応九年の祇園会再興にあたって、応仁の乱前の祭礼を調べた幕府側の文書には、「御とものきしき《儀式》、御さき《先》へハいぬひしにん《犬神人》まいる、その跡ハおもひ《思》おもひの願主」とあって、やはり犬神人が先導することになっていた。とすれば、『洛中洛外図』の神輿渡御に描かれている、神輿を先導する武者風流は、犬神人だということができよう。平安時代からの馬長は鎌倉時代末まで、ほそぼそ続いていたが、それに代わって、鎌倉中末期から、犬神人が先導するように変わっていったのであろう。

さて犬神人とはいかなるものであろうか。祇園社に所属して、神社の種々の用事を用い、かわりに商工業などの営業上の特権を得る神人というものがいたが、そのもっとも下級のものをいった。なぜ「犬神人」というかは、犬蓼《いぬたで》などのように、似て非なるものの呼称であるとか、牛頭天王の従者である犬の末裔などの説がある。

しかし、私は神輿渡御の先導をして清めをするところから、天皇行幸の時に、隼人《はやと》が先導して警蹕《けいひつ》（先ぶれのいましめの声）を行うことの模倣であると考えたい。水野祐氏によると『延喜式』では、元旦の儀式、即位、外国使節の入朝に隼人が奉仕して、今来隼人《いまき》が、犬の吠声を発すること三度であった。天皇の御幸時には、国境や道路の曲がり角で、今来隼人が犬の吠声を発する慣例であった。古代に征服されて服属した南九州の人々は隼人と呼ばれ、天皇の葬送儀礼で哀号《あいごう》したり、悪霊を鎮める呪力があると考えられていた。かれらはまた、「狗人」（いぬひと・こまびと）と呼ばれた。

犬は古来から「犬張子《いぬはりこ》」など魔除けの玩具、呪具とされている。それは中国から渡来の風習で、中国古代史の角谷常子氏の御教示によれば、殷代《いんだい》の墓の棺の下の腰坑《ようこう》という小さな穴には、犬の骨があるという話である。以上のことから、「犬神人」が神輿渡御の先導をするのは、天皇行幸をまねたのであろうと考える。もちろん、犬神人は、祇園社だけのものではなく、鎌倉の鶴岡八幡宮や越前の気比《けひ》神社などに、その存在が明らかであり、神人がいた神社には、同じく犬神人もいた可能性が強い。

すでに、長元四年（一〇三一）には、祇園の境内のなかに葬送法師がいて、穢れによる災いで秋雨が長くなったとして追い出されたことが見えている。河東《かわひがし》の地は葬送の地であるから、それをなりわいとする葬送法師が居住していることは当然であろう。かれらが「犬神人」の源流であろうが、「犬神人」が史上はじめて姿を現すのは、十三世紀に入ってからである。嘉禄三年（一二二七）、山門、比叡山延暦寺の法敵である法然上人の墓所を、山門の命令で犬神人が破却したとする日蓮宗側の記録である（『立正安国論』）。このころから山門や祇園社の尖兵としての「犬神人」の活躍が目立つ。『祇園社記』では、延久元年（一〇六九）の荘園整理令にかかわる官符によって、南北は五条から三条まで、東西は白河山から鴨川堤までの領有を認められたとして、そのうち四条以北、五条以南の河原にある田畠の耕作権を非人にあてがって社恩として、犬神人と呼ぶこととしたと、康永三年（一三四四）感神院所司は申状で述べている。おそらくはこのころ、清水坂一帯に居住していた「坂非人《さかのひにん》」と呼ばれた人々のうちで四条―五条間の河原に住む人の主だったものを、犬神人として組織したものであろう。

さて、犬神人の祇園社における職掌は、法然上人の墓所破却に見られるような、法華宗や一向宗など他宗派の法敵に対する攻撃、犯科人検断《はんかにんけんだん》（罪人の裁決）によって住んでいる家をとりつぶすなどの執行、死骸・骨などの触穢《しょくえ》物の撤去・清掃、地子年貢物の滞納の差押え、また、「神子」の節で述べたように、局行神事の警護などの職務に従事していた。

一方で犬神人たちは、坂の非人といわれる清水坂周辺に居住する非人集団に属していた。清水坂の非人集団は自治的な組織を持っており、乞食や重病者を支配して、一大勢力を築いていたが、その有力な部分が、祇園社の犬神人になったと考えられる。この清水坂の非人集団は、葬送のことに従事し、南北朝期には、洛中の多くの地域の葬送を独占するにいたった。したがって、犬神人が葬送の営業独占権を持つにいたったと混同されることが多かった。

そのほか、弓矢町といわれるように、膠《にかわ》を用いて、弓弦を生産して、「つるめせ」と売り歩くので、「つるめそ」と呼ばれたことはすでに述べた。また、江戸初期の『雍州府志《ようしゅうふし》』には、「懸想文売《けそうぶみうり》」という恋占いを売り歩くものとして、赤い布衣を着て、頭を白い布で巻き、顔を白い布で隠して両目ばかり出している扮装が書かれている。これは中世の犬神人や坂非人の扮装である。例えば、『親鸞上人伝絵』の葬送を警護している犬神人の姿も同じ扮装である。

九　獅子舞

承安二年（一一七二）、神輿三基と獅子七頭を寄進した後白河院はみずから見物して、馬長なども出すよう近臣たちにすすめたという（『百錬抄』）。後白河院によって作成された『年中行事絵巻』にも、獅子が、神輿渡御の行列に加わって行進している絵が見られる。祇園御霊会の行列の記録には、この時まで、獅子についてはあまり書かれていないので、このころから流行り出したものかも知れない。同絵巻の稲荷祭にも獅子舞は見られて、舞楽《ぶがく》で囃されているので、舞人の参加などと同じ傾向であろう。また『社家条々記録』では、久安四年（一一四八）、はじめて行われた一切経会には、行列とし

『年中行事絵巻』獅子の図

て「師（獅）子」「天童」「楽頭」「舞人」などが出ている。獅子頭などの寄進ということは、獅子舞の舞人の付属ももたらすものとなったのであろう。

　獅子はもともと伎楽《ぎがく》・舞楽の芸能であったらしく、伎楽面が残り、「師子」と「師子児」が広隆寺に残っている。舞はどのようなものかわからないが、岩橋小弥太氏は『信西《しんぜい》入道古楽図《こがくず》』に、舞楽の図があって、似たようなものであろうといわれている。それが神事芸能に取り入れられて、除災招福の寿祝芸の民俗芸能の源流となった。その端緒は、この平安末期の祇園祭や稲荷祭に見られるのである。

　現在、祇園祭には獅子舞は見られないが、たびたびあげた応仁の乱前の神輿渡御の記録では、「志しの衆いかにもひゝ（美々）しく候」と書かれて、健在であったことがわかる。江戸時代の『祇園祭礼図』には省略されたのか、なくなっていたのか、描かれていない。各地の祭礼には多く残っているし、門付《かどづ》けに回る獅子も多かった。

さて、この獅子の衆であるが、南北朝時代の『祇園執行日記』などによって、祇園社所属の「師子舞」の人々の有り様がわかる。しばらく見よう。

第二章八節の応永の馬上役からの給付では、「師子舞」にも二貫文の配当があった。しかし、祇園社の獅子舞は、「師子座」というような座を組織しているらしく、その営業で生活していて、普段は社家に酒肴分などの金銭を獅子舞の方から進上している。獅子座には兄部職《このこうべしき》という座頭がいて、それは徳多国行というものであった。時には一臈と書かれているので、年齢階層順の平等構成を取っており、名だけ厳めしい「兄部職」などといっているのである。国行には、かか丸という子息があり、養子万寿丸というものもあった。

〔師子座人系図〕

一臈　徳多国行─┬子息かか丸
　　　　　　　　└養子万寿丸

二臈　末継

？　津四郎
　　　├──左衛門五郎─┬子息
　　妻　　　　　　　　└子息

？　兵衛三郎──とと丸（七歳）

二臈は末継というもので、その他に座人として、津四郎、兵衛三郎というものがおり、津四郎は子息左衛門五郎と孫二人まで持っていた。兵衛三郎の子息は七歳だから若い。津四郎の妻の家も獅子舞のようで、左衛門五郎は、「一声大頭《いっせいおおがしら》」という秘曲を母方から一臈の許しなく相伝したことで揉めているが、結局子細はないということになって、披露の酒肴料であろうか、一貫五百文を出している。

獅子には「御祈《おいのり》師子舞」「納師子《おさめ》」などがあって、獅子舞たちの奉仕になっていたようであるが、安居会《あんごえ》での勤務には、「天童」などを入れて計十三貫文が下附されている。単なる「御祈師子舞」は庭で舞ったが、「師子猿楽」がすでに、康永二年（一三四三）当時に舞われており、それは礼堂で舞われている。現在能楽にある「石橋《しやつきよう》」などの源流となるものであろうか。世阿弥の『申楽談儀《さるがくだんぎ》』にも「神変《じんぺん》獅子」の芸の話が出てきて、猿楽に獅子が取り入れられているが、獅子舞の方にも猿楽が取り入れられて、「師子猿楽」が舞われていたことがわかって興味深い。

時は南北朝の動乱時代、正平七年（観応三年＝一三五二）四月、「師子舞等、疲労没落して在国」と記されていて、壮年の人々は地方諸国に巡業に出て、京都にいなかったらしい。「御祈師子舞」を舞う人がいなくて、二月に舞うべきものを、やっと四月に長老の一臈と二臈が参勤して、常行堂の後戸（後方の戸の所）で酒肴があった、とのことであった。地方諸国で巡業したり、獅子舞たちも困苦の時であるから、その芸能も獅子猿楽のように工夫があった。また各地の民俗芸能の獅子舞が現在も残っているように、芸能の伝播が見られる契機ともなったのである。

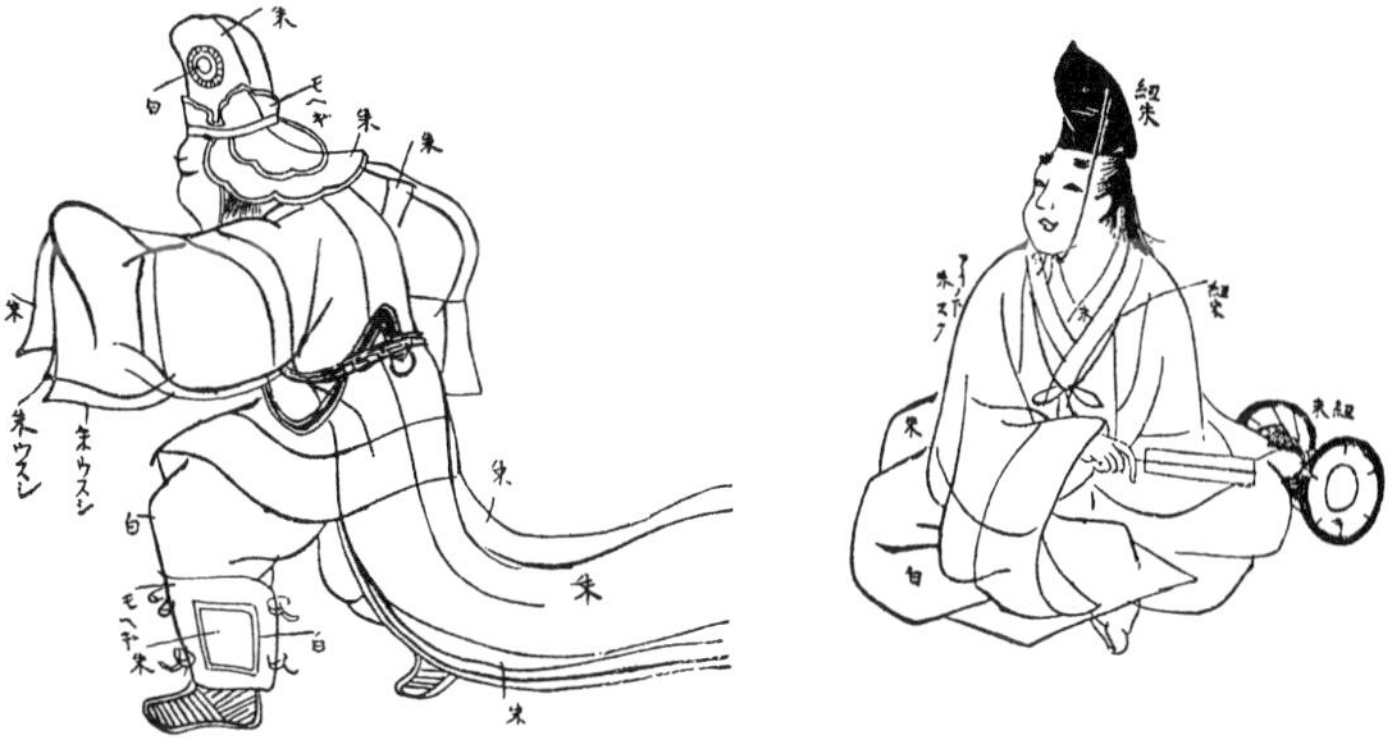

『群書類従』第二十八集雑部　七十一番職人歌合より舞人（左）、曲舞（右）

十　久世舞車と女曲舞

南北朝期の神輿渡御には、まだ馬長や歩《あゆみ》田楽が院の文殿などから調進され、十列《とおつら》という競馬も出たが、最大の呼び物は、久世舞車《くぜまいぐるま》であった。久世舞は、曲舞とも書き、傀儡子《くぐつ》の芸能から出た、あの名高い静御前などの白拍子から出てきたもので、鎌倉時代末期から流行り出したものである。寺社の縁起などを拍子にあった節で謡うものである。もちろん男も稚児もいるが、女曲舞が中心である。観阿弥が曲舞を学んで、能楽に取り入れて当たりを取り、現在でも、能楽の「クセ」という中心部分に残っている。

久世舞車というのは、山（山車）の上で、女久世舞（曲舞）が舞を舞うもので、『七十一番職人歌合』にも、「車にて　袖うちふりし　まひ女　かかる恋すと　人はしりきや」とうたわれている。この車は祇園会の神輿渡御に随行する久世舞車のことで、その上で舞を舞っている女曲舞に恋をしてしまった、というものである。
この久世舞車が、記録に出てくるのは、管見のところ、貞治《じようじ》三年（一三六四）の『師守記』六月七日の神輿迎えである。

今日祇園御輿迎例の如し、鉾以下冷然たり、久世舞車これ无《（有りカ）》しと云々、作山風流等これ无し、定《しずめ》鉾《ほこ》ばかりなり

とあって、この時が最初ではなくて、この当時、出ているものといった感じである。十四日の御霊会にも久世舞車は出ている。しかし、翌年、翌々年には久世舞車は出ず、貞治六年（一三六七）になって神輿迎えには出なかったが、御霊会には、「今日祇園御霊会例の如し、作山三これ有りと云々、又久世舞車一両これ有り、凡そ冷然なり」と記している。一両と記すからには、二両、三両出るときもあったことが予想される。これはおそらく願主が女曲舞を雇って久世舞車に乗せて奉納するのであろうから、その願主がないときには出ないし、願主が多ければ、二～三両も出るということになるのであろう。
能楽の大成者、世阿弥はその著『五音』に書いている。

道ノ曲舞《くせまい》ト申ハ、上道《かみつみち》・下道《しもつみち》・西岳・天竺・賀歌女《かがじよ》也。〈乙鶴《おとづる》、此流ヲ亡父ハ習道アリシ也〉。賀歌ハ、南都ニ百万ト云女節曲舞《おんなくせまい》ノ末ト云。今ハ、皆々、曲舞ノ舞手〈人体〉絶エテ、女曲舞ノ賀歌ガ末流ナラデハ不レ残。祇園ノ会《え》ノ車ノ上曲舞《うえのくせまい》、コノ家ナリ。

専門の曲舞の家というのは、五つあったが、今は賀歌女の家だけになってしまった。亡父観阿弥が、曲舞を習って、「中楽」に取り入れたが、それはこの賀歌女の流の乙鶴に習ったのである。賀歌女は奈良にいた「百万」という女曲舞の名手の末流だという。「祇園ノ会」の車の上の曲舞はこの家から出るのだ、といっている。

この百万という女曲舞は、名人の誉れ高く、曲舞女の代表的人物である。観阿弥が「百万」をモデルとして作った「嵯峨の物狂の能」はずいぶん評判であったらしい。それは子供を迷子にして生き別れになって物狂いになった百万が、嵯峨大念仏の音頭取りをしたり、物狂わしくなって曲舞を舞って、神仏に祈ると、その舞の功徳か、子供にめぐり会うという筋である。そのクセには、当時流行りの「地獄の曲舞」を舞ったそうであるが、のち世阿弥はそれを改作して「百万」を作った。「クセ」も百万の奈良から嵯峨にいたる旅の叙景と百万の子を思う心情が美文で綴られている。

もちろん百万に子供がいて、それが迷子で生き別れになったとか、めぐり会ったという事実はわかっていない。曲舞を舞わせる必要上、モデルとして設定されたのであろう。場所を嵯峨大念仏としたのは、それを始めた導御《どうぎょ》という僧が捨て子であったという伝承をもつからだといわれていて細川涼一氏の研究に詳しい。

この曲の背景として、柳田国男氏は、中世には迷子、捨て子、売買などによる子別れが多く、百万のように舞を舞って、神仏に祈願すれば出会える、しかし、だれでも舞が舞えるわけではないから、曲舞に頼んで奉納してもらうということがあるとされた。たしかに鎌倉末期ごろ、寺社の祭礼に、曲舞らが群参するのは、そういう顧客を目当てにしてのものであろう。したがって、祇園祭も何らかの願主が、久世舞女を雇って奉納をするのである（脇田一九九二）。

さてこの曲舞は、奈良では声聞師《しょうもじ》、京都では散所《さんじょ》（散所非人）といわれる集落に住んでいた。田楽も猿楽も、その集落出身であるが、猿楽の観阿弥・世阿弥父子が将軍足利義満の恩顧を得てから、観世を筆頭とする大和四座は、声聞師集落から抜け出してしまった。しかし、室町時代にも、大和の曲舞座は声聞師座の支配に属しているし、京都に上ってくる地方諸国の曲舞たちは、京都の散所の手配によって、興行を営んでいるのである。勝手にどこやかしこで興行できるわけではない。仕切っている散所に礼銭を払って興行するのだが、そのかわり、万事興行の手配をしてくれるという組織が、網の目のように全国に張りめぐらされていたのである（脇田一九八五）。

声聞師＝散所の女芸人、それが祇園会の花形であった。中世の祭りというのは、このように自由であったし、彼らが祭りの主要部分を支えていたということができる。公卿の日記の慣例主義とは裏腹に、鎌倉末期から流行り出した曲舞も、ただちに久世舞車として取り入れられる。そんな柔軟性があったし、この時代には、女人禁制もなかった。祭りは時代とともに変化していくものなのである。

第五章　山鉾巡行の成立と展開

一　神輿渡御と山鉾巡行

「はじめに」に書いたように、祇園祭は神輿渡御と山鉾巡行が、同じ日に別々に行われるところに特色がある。もともとは神輿渡御の賑やかしとして奉納され、それに随行した鉾や山が、独立して独自の領域を廻り出した。それにはそれに相応する歴史条件があるのである。そのことについてはそのときどき、説明するとして、ここではその経過を説明しよう。

応仁・文明の乱で荒廃した京都の町も、元どおりに近く復興してきた明応年間（一四九二〜一五〇一）、まずは住民を疫病から守る祇園祭の再興が議せられた。幕府の侍所の開闔《かいこう》（寄人の最上席）の職にあった松田頼亮は、配下の小舎人の職の老人に聞いたりして、応仁の乱前の祇園祭の次第を書きつけている。これが唯一ともいうべき室町時代の祇園祭がわかる貴重な史料となったのだ。

さてその史料による神輿の渡御については、すでに第二章に述べたが、平安時代の神輿渡御の道とは変わっていないようである。ただし行列供奉《ぐぶ》の人々には、ずいぶん変化が見られるので、もう一度

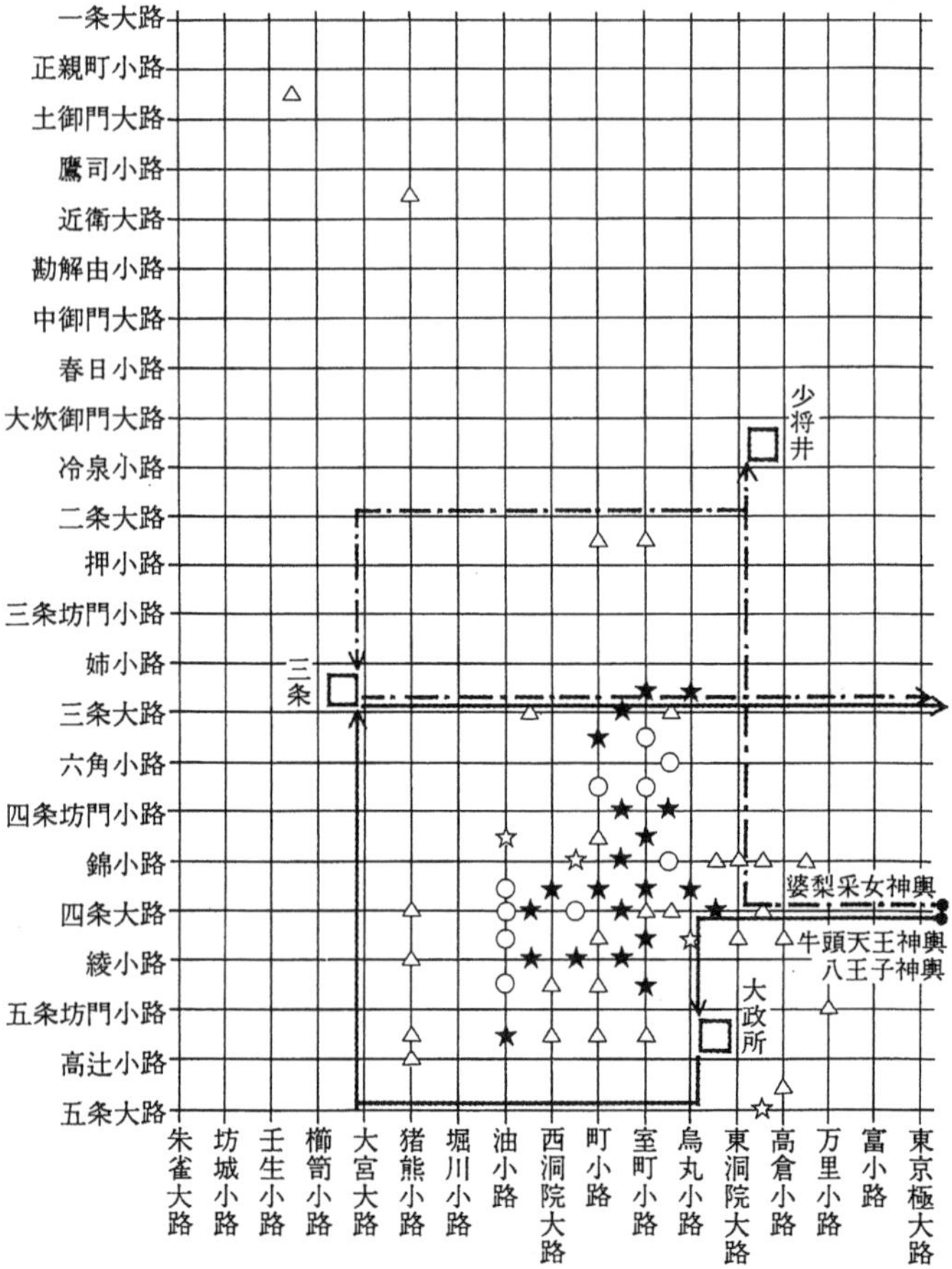

△：乱前

☆：乱前＋乱後　★：乱前＋乱後＋現在

○：乱後

第三図　神輿渡御路と山鉾町

詳しく見ることにする。

　祇園御さい礼の御道つたへ之事
　大ま《政》所の御とをりハ、四条をにしへ《西》烏丸まて、それを南へ御た《旅》見所まて、くわんかう《還幸》の御時ハ、五条を西大宮まて、それを上へ三条まて、せうしやうゐ《少将井》んおなしく四条を東のとゐん《洞院》まて、其を上へ冷泉まて御た見ところあり、くわんこう《還幸》の御とき、二条にしへ大宮まてそれを三条まて
一　御とものきしき《儀式》、御先へハいぬひしにん《犬神人》まいる、その跡ハおもひ《思》〳〵の願主
一　志し《獅子》の衆いかにもひゝ《美々》としく候
一　社人各々まいる
一　み子《巫子》これハこし《輿》にてまいる
一　御こし《輿》の御あと神主、むま《馬》にて御とも、
一　四座の衆かちんのよろひひたゝれ《鎧直垂》三つかい、すいひやう《随兵》十つかい、

と書かれている。

すなわち、神輿のうち大政所の御旅所（高辻東洞院）に行く大政所（牛頭天王）と八王子の二基は、四条から西へ、烏丸から南へ行き御旅所へ、帰りは五条を西へ大宮まで行き、そこから三条京極の御旅所（又旅社）まで上がる。もう一つの婆梨采女の神輿は、彼女の御旅所の少将井（冷泉東洞院）に

行くのに、四条を東洞院まで行ってから、それを上《かみ》に取って冷泉まで行き、御旅所に入る。帰りは二条を西へ大宮まで行き、それを三条まで下がって三条の御旅所で合流する。以上の通路になっていて、現在や江戸時代とも大いに違っている。河東《かわひがし》から御幸して来た神輿は、四条を核として、北は冷泉、南は五条まで、西は大宮通りまでを巡行するのである。

もちろん御旅所も現在の四条京極の御旅所とは違う。現在のものは、天正十九年（一五九一）に豊臣秀吉の命令で移転したのである。現在は四条京極の御旅所に入るまで、河西から京極の間をぐるぐると練り歩くが、下京の町並みを巡行しなくなっている。また、少将井御旅所に行った婆梨采女の神輿も、少将井御旅所がなくなって、四条京極に行くことになってしまった。

その神輿は、犬神人が先導する。「六人の棒の衆」などと呼ばれ、神幸路を清めつつ、先導するのである（第四章八節参照）。その後に願主たちが続く。美しく着飾った獅子舞たち、社人、神託を伝える巫女たちは輿に乗って続く。巫女たちは平安時代には、馬に乗っていたのが、輿に変わっているが、やはりこの時期にも、神輿に付き添っている。『洛中洛外図』には巫女たちは描かれていないが、やはりこの時期にも付き添っていたのであろうか。そして神輿のあとには神主が馬でお供をする。最後は幕府の役人である四座の雑色が随兵《ずいひょう》をしたがえて行進する。以上が応仁の乱前の室町時代の神輿渡御の有り様であった。

ここではなぜか、馬上十三鉾が記されていない。このころには廃絶していたのであろうか。田楽・

猿楽も出てこないし、南北朝・室町期には盛んに出た記録がある久世舞車（第四章十節）も書かれていない。おそらく、馬上十三鉾はともかくとして、その他の神輿渡御に付随するものは、賑やかしとして出てくるものであるから、ここでは記載されていないのであろうと思われる。

ところで、神輿の渡御に、平安時代から神人たちが神輿を担いだり、随行していたことは、すでに第二章で述べた。また、神輿渡御の道中の随所随所では、神人たちが奉仕をしたり、お供物を捧げたりして祭礼儀式を飾っている。京中の大鋸板《おがいた》（大鋸で引いた板）の専売権を掌握していた堀川材木神人は、神輿が鴨川を渡御する時に渡る浮橋を架けた。綿本座神人は四条高倉で神輿の前に神供米を供えて、下居御供神人と呼ばれている。南北朝期に成立した綿新座神人は、御節供料を出すことになっている。柑類の座は犀鉾《さいのほこ》神人といわれている。おそらくは犀鉾なるものを担いで神輿渡御に随行したのであろう。摂津今宮の供御人であった蛤売りは、祇園神人となって洛中に蛤を売りにきたが、大宮駕輿丁と呼ばれているから、牛頭天王の神輿を担いで駕輿丁役を奉仕していたものであろう。

康永元年（一三四二）には幕府の命令で、少将井神輿を「穢多」に舁《か》かせたので、神輿が穢れた。神慮恐れ有り、と記されている（『師守記』）。これから、神輿は非常に神聖な物と考えられており、清浄性を保たれたというのが通説となっている。しかし、この時期から、宮廷では、差別思想が強化されてくることから、それまでは別に問題にならなかったことが、問題になり出したのだと思われる。

さてこの神輿渡御とは別に、「ほくの次第」《（鉾）》として、第六図のような、山鉾の所在があげられてい

七十一番職人歌合より楽人（左）、蛤売り（右）

る。これは数が少ないが、のちに述べるように、古老である小舎人新右衛門清次の担当部分、京都の町を四つに分かって四分の一の部分の注進であるからである。それとは別に松田頼亮は、また、乱前の山鉾所在地を全域にわたって調べあげて、記載している。それを地図に落としたのが、第四図である。第六図該当部分とも若干のちがいが見られる。もうすでに乱後から江戸時代、明治からの近代、戦後の現代まで続く山鉾が、各町に姿をあらわし、乱後の再興よりも盛大な有り様をうかがい知るのである。この山鉾群は、現在のように、神輿とは別個に巡行したのであろうか。

十六世紀を下らないという『祇園社大政所絵図』という高辻東洞院の大政所御旅所を描いたものがある。ここでは時間帯を異にする物が同一画面に描かれている。三基の神輿が祇園社の四条橋詰めの鳥居をくぐって渡御していくところ、すでに大政所御旅所に鎮座した二基の神輿の双方が描かれている。そして神輿の右手、大政所の上手には、薙刀鉾《なぎなたぼこ》と伯牙山《はくがやま》が描かれているが、その間には雲が幅広く描かれているので、相当の距離があると見るべきである。したがってこの絵図の段階では、神輿渡御と山鉾巡行は、別個に行動していたと見ることができる。私ははじめから別に行動して、神輿のあとを付いて歩くものではなかったと考えている。

しかし、それについての考察は、のちにゆずって、ここではまず町から出す山鉾の起源について述べよう。

二　山鉾の起源——下辺経営の鉾

神輿渡御に随行する馬上十三鉾と、町ごとに出す山鉾巡行とは性格がちがうことを述べたが、それでは現在の祇園祭の中核をなしている山鉾巡行は、いつごろからはじまったのだろうか。ずばりいって南北朝時代である。戦乱のなかで、自衛しなければならぬ町人たちは、結束力を高めて、町ごとに共同体を作り、その結束の象徴として、山鉾巡行をはじめたのである。

すでに南北朝期の康永四年（一三四五）の祇園会神輿迎えの六月七日には、雨が降り続き洪水になった。『師守記』という公卿の日記の同日条では、

今日祇園御輿迎えなり、定鉾例のごとし、御行酉に始まると云々、洪水により浮橋叶《かな》わざるの間、

神輿河原を舁き渡し奉ると云々、無為御行、神妙々々、

とある。神輿は浮橋を渡ることができず、河原を舁き渡したという。浮橋というのは前にも記したように、舟を並べて板を渡して橋にするもので、祇園社に従属して商売をやっている堀川材木神人が、所役として鴨川に架橋して、それを神輿が渡ってくることになっていた。しかしこの年は洪水で、架橋できず、河原をじゃぶじゃぶと水のなかを舁き渡ったというのである。「定鉾《しずめほこ》」という大山崎から出した鉾は例のごとく出たが、「山以下作物」は、翌日に出たことが、翌日の条でわかる。

今日山以下作物これを渡すと云々、昨日雨により斟酌す、今日これを渡すと云々

必ずしも神輿に随行しないで、場合によっては、翌日に渡される山や作山があったのである。その後も神輿渡御に作山風流などが出ないことは多く、貞治四年（一三六五）にも「祇園御輿迎例の如し、鉾以下冷然たり、久世舞車これ无しと云々、作山風流等同じくこれ无し、定鉾ばかりなり」などと書かれている。ここでも山崎からの定鉾は精勤に参加しているのである。ちなみに「鉾以下冷然たり」と書かれた鉾は神輿につきそう馬上十三鉾を示すのである。

この「作山風流」といわれたものが「町」から出す鉾や山を示すことは、その子息の『師夏記』の応安七年（一三七四）六月七日条に、「今日下辺《しもわたり》の鉾等、先々のごとくこれを渡す」と書かれ、同十四日の御霊会には、「祇園会鉾等、下辺経営」と記されていることからわかる。

下辺といわれた地が下京を指すことは明らかである。神輿の御旅所渡御を歓迎しての風流の作山が、

どんどん拡大して、「下辺経営の鉾」といわれるまでになってくるのである。しかも応安七年のこの時も、神輿の渡御はなかったのである。したがって神輿渡御がないから、「下辺経営の鉾」のみが出たことを師夏はわざわざ強調して書いたのである。

戦国期の動乱の時、「神事コレ無クトモ、山ホコ渡シタキ事ジヤケニ候」という下京六十六町の町人の言葉は、「町衆の心意気」として、林屋辰三郎氏によって紹介され今に伝えられているが、こういう事態はすでに、山鉾巡行のはじまりの南北朝期に生まれていたのである。もともとからその性格を持っていたというべきであろうか。少しその経過を見よう。

南北朝動乱のなか京都をおさえ、市政権を確立しつつあった足利幕府にとって、山門（比叡山延暦寺）とその勢力下にあった酒屋・土倉などの京都の大商人との対決は、不可欠の政治的課題であった。当時の京都の経済の中枢をおさえている酒屋・土倉は、それぞれ三百〜四百軒あった。正和四年（一三一五）日吉社の神輿造替の費用として、京都の土倉に、一軒「壱千疋」の課役を課した時、「山門気風の土倉」（山門に所属している土倉）は免除されて、お礼に七百五十疋を出したといわれるが、その数は二百八十軒であった。それ以外の土倉は、たったの五十五軒であったという。実に京都の土倉の八割強が山門支配下であったのである。

幕府の山門への対決は、まず宗教戦争となってあらわれる。幕府がバックアップする禅宗に対する、山門・寺門（三井寺園城寺）との抗争がそれである。応安二年（一三六九）、山門の神輿振りによって、南禅寺の新造の楼門が破却されるという事件が起こった。それ以後、応安三年幕府は、山門公人が借銭の抵当の差押えと称して、狼藉するのに対する取締権を朝廷からうばって掌握した。至徳三年（一三八六）には、山門や諸社の神人が持っていた債務執行権が停止されて幕府の民事裁判権に服することが定められたことは佐藤進一氏の研究に詳しい。

その最後の仕上げが、幕府の有名な土倉役・酒屋役の賦課である。これでもって幕府は、山門支配下の酒屋・土倉に対する課税権を掌握したのであるが、そのことは同時に、山門の庇護のもとに、私の債務執行権を持っていた土倉たちの権限も吸収してしまったといえるのである。「土倉寄合衆」といわれた同業組合は、完全に幕府支配下の徴税組織となっていった。御用金融組合の性格が濃厚となり、課税を納めた者は誰でも、土倉を開業できたのである。同業組合の持っていた封鎖性はなくなったが、それとともにギルド的な自治的な自立性もなくなってしまったのである（脇田一九六九）。

かかる富商の立場の変化が、どう祇園会に影響したであろうか。課税のようなものとなってしまって、差上された者が忌避して逃げ出す状況になっていた馬上役に、幕府がてこ入れをして、土倉を中心に「馬上方一衆」を組織して、とにかく神輿渡御が行えるようにしたのは、すでに見たところである。

それはともかく、南禅寺楼門破却事件で、神輿も穢れてしまった。神輿は造り替えなければならないのだが、その事業は遅々として進まない。二十年あまり、祇園も日吉も神輿のない時代が続くのである。ところがその期間は、京都の町では「作山風流」や「下辺経営の鉾」といわれた山鉾が、どんどんさかんになり華麗になっていく時期であった。のちに述べるように、町共同体などの自治の発展、自主的な自分たちの祭りには、人々は懸命になるものらしい。神輿の渡御がないという事態が、よけいに町人の祇園祭にかける情熱を沸き立たせ、必ずしも神輿がなくとも自立できる山鉾の形態を備えることとなったのである。

三条公忠《きんただ》も彼の日記『後愚昧記《のちのぐまいき》』で、神輿の渡御がなかった永和二年（一三七六）六月七日条に、「下辺鉾幷造物山、先々のごとくこれを渡す」と書いている。また十四日の条には、時の将軍、足利義満は山鉾巡行を見物している。そして高大鉾が転倒して、尼一人が圧死したという記事を載せている。

翌々年永和四年にも神輿は造替の最中で、渡御がなかった。しかし、やはり義満は四条東洞院に桟敷を構えて見物している。この時、義満は寵愛の藤若、すなわち幼年の世阿弥を伴い、親しく同じ食器から物を食べつつ見物したというので、公卿から非難を浴びた有名な記事である。

今日祇園の御輿迎えなり、しかるに神輿の造替未だ事終らざるの間、かの社祇園神輿同じく出来せず、よってこの間年々御輿迎えなく、今年また同然なり、しかるに鉾においてはこれを結構す、大樹桟敷四条東洞院を構え、これを見物す、件の桟敷は、賀州守護富樫介経営す、大樹の命によるなりと云々とあって、続いて世阿弥寵愛の非難に移る。いずれにしても大樹義満が桟敷を構えて見物するほど盛観であったらしい。二年後の康暦二年（一三八〇）にも、義満は十間の桟敷を管領に構えさせて見物している。

祇園会の神輿造替せざるの間、神幸無きと雖《いえど》も、洛中風流例のごとし、殊に今年結構と云々

この年についても特に結構であったようすがうかがえる。神輿渡御に協賛した風流としての鉾や造山が、独立して趣向を凝らしたものになり、将軍家も桟敷を構えて見物するという盛儀となっていた。これが幕府の年中行事の一つとしての「祇園会御成」のはじまりとなるのである。

南北朝合一という名実ともに幕府の基礎が固まった明徳三年（一三九二）ごろには、神輿の造替も進み、引きうけ手もなかった馬上役も、「馬上方一衆」が洛中の土倉などの有徳人を中心に組織されて、応永ごろからは、神輿渡御も無事行われるようになった。ここに神輿渡御と山鉾巡行という二つの祭りが、相互に独立・平行して不即不離に行われるという、珍しい祭りの形態が出現することになった。

これまで、天文二年（一五三三）の祇園祭にあたって、将軍は近江に逃げており、天下動乱で、神輿渡御をはじめとする神事が中止されたのに対し、下京六十六町の月行事が祇園社に列参して、山鉾巡行を行うといったのが有名である。神輿渡御とは独立した山鉾巡行、それをやってのける「町衆」たちの意気が語られた。それは町々が連合して、町組を結成して、将軍不在の京都の町を、自分たち

の手で、自治でおさめる心意気が、熱を帯びて語られたのである。

私もそれは肯定する。しかし、その自治――町共同体の歴史――は、すでに南北朝からはじまっていたのである。町々の山鉾が盛大に飾られ、渡され出した南北朝時代、すでに神輿渡御がなくとも、山鉾巡行は行われ、将軍義満もそれを見物していたのである。

三　山崎の定鉾・大舎人の鵲鉾――座々の鉾

少し時代が下がるが、室町時代の碩学で、関白でもあった一条兼良（一四〇二～八一）作といわれる『尺素往来』には、

> 祇園御霊会、今年殊に結構、山崎の定鉾《しずめほこ》、大舎人の鵲（笠鷺）鉾、処々の跳鉾《おどりぼこ》、家々の笠車、風流の造山、八撥、曲舞、在地の所役、定めて神慮に叶うか、晩頃には、白河鉾入洛すべきの由風聞候

という、有名な祇園会についての一節がある。

この「山崎の定鉾」が、作山風流も久世舞車も出ない時にも出てきて、花を添えていた定鉾である。山崎はいうまでもなく、大山崎の油神人。おそらく下京や上京で商売をする関係上、協賛の鉾を出していたものであろう。

大山崎の油神人は、京都の喉首に当たるといわれる交通の要衝をおさえる地にあって、南北朝の争いには、いち早く形勢を見定めて、武家方、足利将軍家に味方して、絶大な商業利権を獲得した。西日本一帯に油商売やその原料である荏胡麻《えごま》の営業独占権を獲得した。その油の最大販売市場である京都には、ちょうどこの永和二年（一三七六）のころには、京都に住んでいる神人が六十四人いてその在所がわかっている。その大方は下京の住人であった（脇田一九六九・八一）。かれらはその営業の場である下京にあって、その生活を守る上でもっとも重要な、悪疫から人々を守る神の祭り、祇園会に協賛することによって町の生活に溶け込もうとしていたのである。富裕さでも大きいから一番めだった鉾であった。

「大舎人の鵲鉾」は、今も京都の伝統産業である西陣機業の、そのまた源流である大舎人座の織手たちが出した鉾である。

応仁の乱前の山鉾の書き出しにも、「大舎人の鉾」が出ていて、下京区域内ではない大舎人の織手たちも、商業の中心である下京の祭礼に協賛したものと思われる。大舎人座の座人たちは、当時はやはり、土御門大路・壬生《みぶ》小路のあたりに居住していたらしい。それはその有力者が任じられる「内蔵《くら》寮《りょう》御《み》綾織手《あやおりて》」八人の寛正六年（一四六五）の書き出しでは、三人が北櫛笥《くしげ》に住んでいる。これは大舎人座の場所に近く、もう一人は大内《おおうち》であり、かれら織手はそのあたりに集住していたようである。

前述したように、大舎人座の織手たちが居住していた周辺は、下京を除いてたった一つ、町共同体が成立していた場所であった（脇田一九八一）。織物業の発達を控えて、町の自治組織の発展もうかがえるが、この鵲鉾は、職種的結合である大舎人座が出したものであろう。

鵲鉾から連想されるのは鷺舞《さぎまい》である。鵲は中世では鷺のことだという。しかし、鷺舞は人間が鷺の頭をかぶり、羽根をつけて舞うものだから、別物である。むしろ「鷺の橋を渡《わた》いた、かささぎの橋を渡いたりや、そうよの」という歌は、この鵲鉾の歌のように思われるが、確証はない。『看聞日記』では、嘉吉元年（一四四一）六月十四日に「笠鷺桙」が門前に来ている。永享十年（一四三八）の祇園会では笠鷺は雨中で「ぬれ〳〵舞」を演じ興があったと記されている。ところが永享八、九年の記述によれば、これらは「北畠笠鷺桙」で北畠散所（声聞師）の者たちであった。それとは別に「大《おお》舎衛桙《とねりほこ》」も参って舞っている。鉾に乗ってきた鷺に仮装した人間が舞うのであろうか。現在の鷺舞には鉾は存在しないのである。

応仁の乱後、文明十三年（一四八一）には、戦火で焼け出された織手たちのうち、十余人は堺に下り、奈良、大津にも移住している。京都に残ったものは五人、そのうち四人が下京に住んでいる（豊田一九八二）。おそらくは商業的なつながりの縁によって、下京に移住したかと思われるのである。しかし、乱後途絶えていた祇園会の明応七年（一四九八）の再興に関しては、「大舎人の輩、神役に従わ」なかったため急ぎ神役を勤めるように、という室町幕府の奉行人奉書が出されているから、下京に移住した大舎人座の織手たちも、鵲鉾を出すまでには営業の復興にいたっていなかったのであろう。上京を拠点としていただけに、打撃は大きかったと思われる。

白河鉾が晩ごろに入洛というのは、鉾は必ずしもいっせいに動くと決まっていなかったらしい。白河は白河八乙女《やおとめ》といって、前章で述べたように祇園所属の女性餅商人たちの所在地であり、やはり協賛して鉾を出してきたものであろう。

以上のように、祇園の神人らの従属して商売を営むもの、下京の土地で商売を営むものたちが参加して鉾などを出して景気づけをする。今はなくなっているが、そのような山鉾もあったのである。

「八撥《やつばち》」は羯鼓《かっこ》のことで、少年たちが腰に羯鼓をつけて面白く打ちつつ舞うのである。当時、流行の能楽にも、面白く羯鼓を打って舞う少年を主人公にした「花月《かげつ》」や、謡い舞いつつ仏教の奥儀を説いた童形《どうぎょう》（年がいっても成人風俗をしない）の「自然居士《じねんこじ》」のような説経者を登場させている。のちに述べるように、応仁乱前の山鉾の書き出しには、「自然居士山」があるから、人気のあったものであろう。「放下僧《ほうかぞう》」は「自然居士」と同じく僧形の禅宗系の遊芸者であり、やはり羯鼓を打つのである。「望月《もちづき》」では敵打ちの少年が、「八撥」＝羯鼓打ちに扮して父の仇を打つ話になっており、いたいけな少年芸が喜ばれた。曲舞については、すでに述べたので繰り返すことはしないが、どちらも雇って奉納する人があったのだろうと思われる。

四　応仁乱前の山鉾

応仁の乱の前後、町々から巡行させる山鉾の詳細を知ることのできる史料が、『八坂神社記録下』に収録されていることはすでに述べた。ここではその山鉾に関する記事から見よう。「祇園社記　第十五　御霊会山鉾記　応仁一乱後再興」と表紙に書かれ、扉には「祇園会山鉾事　応仁一乱之後再興」と記されている。それは応仁の乱で廃絶した祇園会を、明応九年（一五〇〇）に再興するが、その前後の心覚えである。あとがきには、

> 右山鉾御再興の時より永正四年に至り、不易の申沙汰なり、
> 祇園社家奉行飯加（飯尾加賀守）清房、時に公人奉行
> 侍所開闔予頼亮、
> 右一冊拾壱枚祖父如此注置之條、相写之、加判形者なり
> 　　永禄三年九月十八日　　　頼（松田）隆（花押）
> 　　行快言、本紙拾壱紙、今黒（墨カ）著十四紙

とあって、当時、すでに述べたように侍所開闔（侍所の所司―所司代の下にいる寄人の頭人）を勤めた松田頼亮が、神輿渡御の順路などと、応仁乱前の山鉾の所在地と、再興準備中の山鉾所在地、明応九

年再興に関しての山鉾所在地、巡行の籤引きによる順番などを記したものである。それを永禄に孫が極めを付け、さらにこれを『祇園社記』編纂にあたって、行快が収録したものである。いわば明応九年再興に積極的にあたった幕府の担当官が記録したものである。まずは信用できる史料である。

第四図は、応仁乱前の山鉾の書き出しを図に作ったものであるが、焼けてしまったあとで、記憶をたどっての書き出しであるから、すこぶる曖昧な注記も見られ、「西行山」「自然居士山」「てんこ（天鼓）山」「柴かり山」「小原木《おはらぎ》の山」が所在不明である。また、縦横の通りの一方しか注記のないものも多くあり、後代の山鉾と同じと見られるものは、その場所に入れたが、「太子鉾」「弓矢鉾」は記入できなかった。それにしても、町々ごとに出すという現在も変わらないかたちがすでにでき上がり、数も多いことに驚かざるを得ない。

ところで、一町から一つの山や鉾を出すということは、その主体としての町共同体の成立を意味するのである。いうまでもなく、一町で一つの鉾を出すか出さぬか、どのような鉾を出すか、町の人々の合議によらねばならないのである。

能狂言に「籤罪人《くじざいにん》」という曲がある。そこでは町人たちは、頭役《とうやく》（当番）の家に寄り集まって、山の趣向に頭を悩ましているのである。そして罪人を地獄の閻魔が追い立てることとするが、罪人のなり手がなく、鬮を引いたところ、頭役の主人がなるというお笑いである。ここでは町人（町共同体のメンバー）ではない、召使にすぎない太郎冠者が大活躍して、最後には、山の上で罪人になった主人

第四図　応仁乱前山鉾所在地

①角に書かれている表示は角に記入した。

②しかし、角に書かれている表示も、他の時代のものから、出す両側町が確定しているものは両側町に記入し、矢印をつけた。

③通りが交わらない表示は、後代の例から類推して記入した。

④場所・地名なし——西行山、自然居士山、てんこ山、柴かり山、小原木の山。

⑤所々のくら役——記入不能。

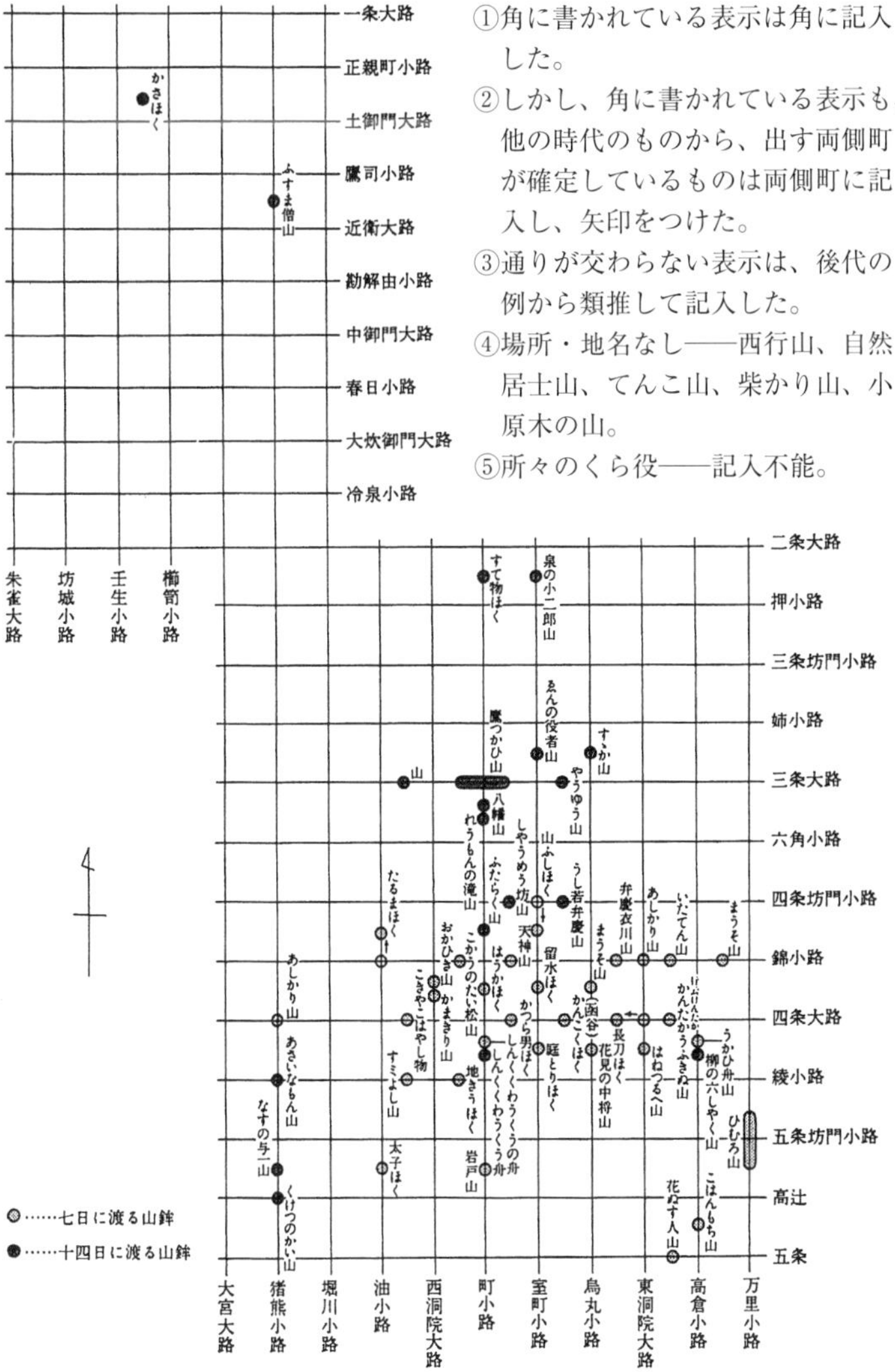

を追い回しているという、事実とは思われない部分もあるが、町人が寄り集まって趣向を練るというのは、町の状況をよく示していると思われる。私は、町共同体の構成メンバーである「町人」が寄り集まって趣向を凝らすさまが表現されているところに、この狂言の面白さを見出す。したがって山鉾を出す町というのは、町共同体の成立を示していると理解してよかろうと考える。このように、山鉾巡行は下京の町共同体の祭りなのである。

室町時代、もう一つ町共同体の成立を示す史料があった。もともと洛中の酒屋に対して、西の京の北野の麹座《こうじざ》が麹を卸していたが、洛中の酒屋が麹室《こうじむろ》を構えて、麹も作るようになり、北野の麹座は規約違反だとして、幕府に訴え出て、裁判に及んだ。応永二十六年（一四一九）その採決があり、麹座の勝利となった。それで洛中の酒屋は起請文を出して、幕府の使者の前で麹室を潰して、今後、麹を作らない旨を誓った。これについて全部で五十二通の起請文がある。それには「町人」として、町の代表が出て、検分し保証したところ二十九通と、していないところがあった。例えば、「いまよりのち、むろたて候ハヽ、ちやう人とし候てちうしん申入候へし、ちやう人、さこの二郎」のように、違反を摘発して幕府に注進することを誓っている。略式の花押まで据えているこのような町人のなかでも、世話役的な「町人」の存在、それを利用しての幕府の町支配を認めることができる。世話役の町人がいる町は中央部に近く、周辺には少ない。このような「町人」の存在する町は、町共同体の成立している町と考えていいであろう。もちろんその他にも、町共同体の成立しているところはあるわけで、町共同体成立が判明するところということになる（脇田一九八一・八五）。

その世話役町人のいる町と応仁乱前の山鉾町とを重ね合わせると第五図のごとくになる。六条大路・楊梅《やまもも》小路近辺に、世話役町人のいる町が多いのに、山鉾町がないのは、祇園氏子区域が三条から

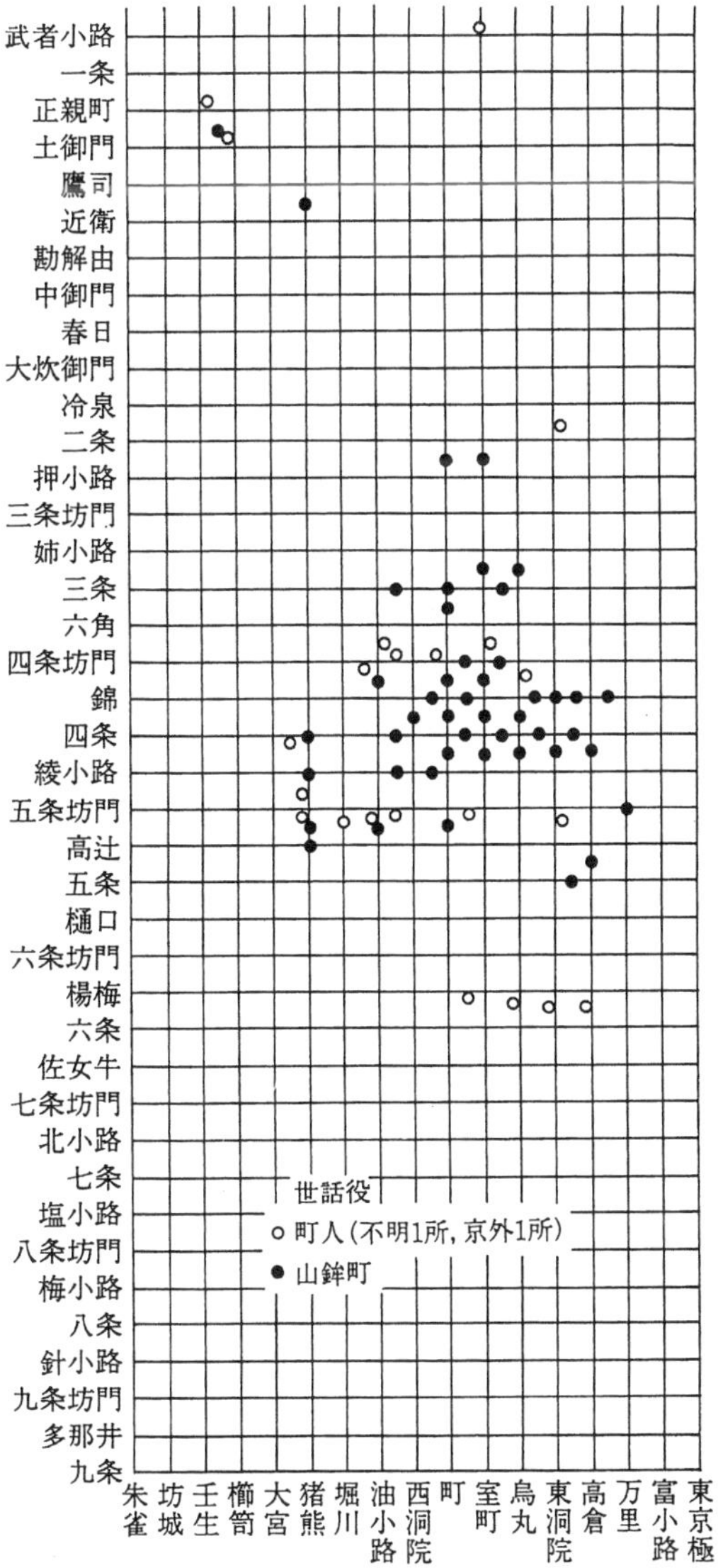

第五図　世話役町人の居る町と山鉾町

五条になっており、六条あたりは稲荷の氏子区域になっているからであり、当然といえよう。

ところで、山鉾町は二条近くに一つの山・一つの鉾があり、猪熊通《いのくまどおり》にも四つの山がある。明応九年の再興後は、これらの山鉾はなくなってしまう。おそらくは祇園氏子区域のなかで、町共同体が結成されて、そのなかで山や鉾を出そうと決議した町から出されたものであろうと思われる。明応九年の再興後の山鉾町は、下京町組の結成区域と近くなってくる。下京町組の結成は、記録・文書からは天文以後といわれるが、すでにこの時期に、のちの町組成立の区域に一致することは、注目すべきことである。それについては別に考えることにして、ここでは応仁乱前の山鉾町についてもっと考えたい。

興味深いところでは、「所々のくら役」として「甲ほく」があるのが注目される。これは「大との房《へカ》」（大宿直＝大舎人）の「かさほく」が大舎人の鵲鉾を示しているのと同様に、商工業者の職種別結合単位で出した珍しい鉾である。

すでに述べたように、本来は地縁的共同体である町からのみ出されるものとは違って、下京で営業する商工業者の組織体が、地縁・職種いずれを問わず、下京の人々の生活を守る祭礼に積極的に参加するものであったのが、のちには、職種別結合より地縁的結合が中心になっていったことから、山鉾は町を中心にして出すというかたちになってしまったものと思われる。下京の町に住む人々は、商売を営む町での共同組織である町共同体や、それの発展した町組などの地縁的組織と、商売の権利を守る職種別結合の組織との双方にかかわっていた。

地域的な町共同体も、職種別の座的共同体も、「自検断《じけんだん》」といわれるような、警察・裁判権を我がものにして、自治権を持ち、解決がつかないもののみ幕府や上級領主に持ち込んだ。屋地子《やじし》といわれる町特有の、農村に比べて四～五倍だが、それのみで領主は干渉しない地代も、町ごとに請け負って納める場合が多かった。その結集の祭りが祇園祭といえる。西洋の中世都市も教会を核にした地縁的結合と、ギルドといわれる職種別結合の双方によっているが、どちらかといえば、ギルドの結集が強く、それが政権を取って、共和制的な自治を行うところが多い。日本の京都や奈良、そして堺や博多などの中世都市は、戦国期になると、自治も強化されてくるが、それは地縁的結合の町を中心としてくるのである（脇田一九八一）。ギルド的結集は、豊臣秀吉の楽座政策によって、徹底して破壊されるのだが、すでに明応の再興時にその傾向が見られることに注目したい。

五　明応の再興

前に述べたように、幕府侍所開闔の松田頼亮は、祇園会を再興するために、まず、小舎人の新右衛門清次に尋ねて、彼の管轄する一座を注進させている。第六図である。頼亮は、

祇園会の事、御再興、時に頼亮侍所開闔山已下申付るの間、先規の次第、古老の者たるにより、小舎人新右衛門男に相尋ねおわんぬ、そもそもこの大会御再興の時節、頼亮当職、併せて冥加たる歟

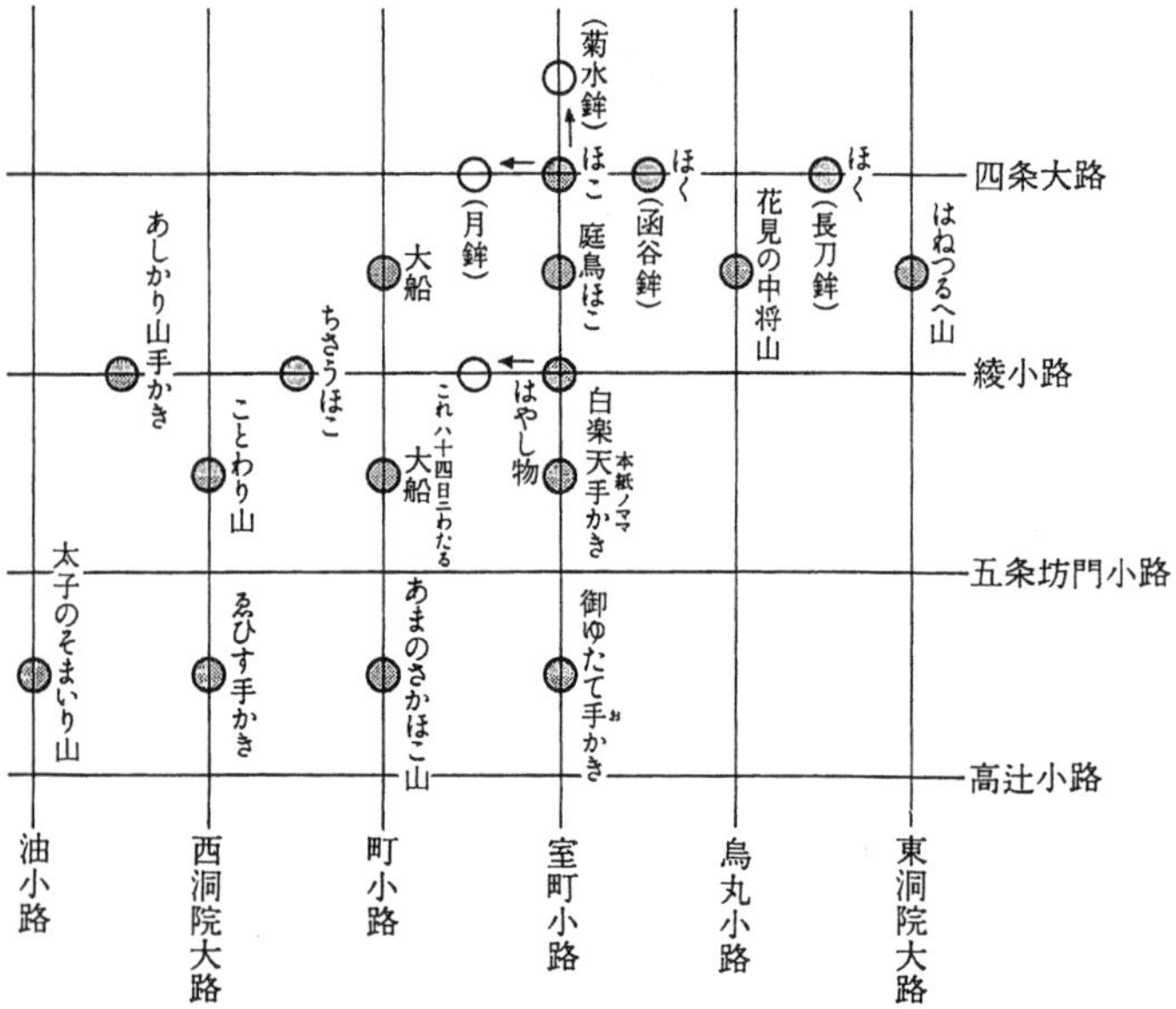

● 小倉人新右衛門の書いたものを地図に記入した。 ○ 推定したもの。

・「四条室町之間」と書かれている鉾は、菊水鉾、月鉾が考えられるが、管轄区域から推して月鉾と思われる。

・「綾小路室町之間」と書かれている「はやし物」は、現在の位置から「綾小路室町と町の間」である。

第六図　小舎人新右衛門の管轄部分の応仁乱前の山鉾所在図

と、彼がその再興に尽力する立場になったことに感激しているようすが伝わる。

ここで侍所の組織について述べておこう。侍所の長官は所司であるが、所司代がその下にいた。その下に幕府奉行人である寄人がおり、その筆頭を開闔といった。さらにその下には、公《く》人《にん》、目付、小舎人、雑色《ぞうしき》らがいた。義政時代ごろから四座《しざ》の雑色なるものが任命されていて、洛中の治安などにあたったと伝えられているが、それが江戸時代の四座雑色の源流と見られる。公人も四座にわかれていた。この小舎人新右衛門も自分の管轄の一座のみ注進しているのから見て、四座にわかれて職務を持っていたことがわかる。

大永三年（一五二三）幕府が小舎人・雑色の役目を規定したのによれば、「祇園会御警固の事」も含まれているから、自分の管轄範囲について注進したものであろう。小舎人新右衛門の注進した区域は、四条東洞院の辻を中心として四座にわかれていたらしく、その東南の一角であった。慶長六年（一六〇一）以来の四座雑色が四条室町の辻を中心としてわかれていたのとは若干異なるといえよう。

幕府では公人奉行であった飯尾加賀守清房が祇園社家奉行となり、開闔の松田とともに、祇園会再興にあたった。おそらくは祭礼復興による生活や人心の安定、疫病退散、そして景気の盛り上げなどを狙ってのことであろう。

さて応仁乱後の山鉾配置を地図に示したのが、第七図である。応仁乱前の五十八より三分の一の減少で、三十七の山鉾が出そろった。地域もぐっと凝縮してのちの下京の町組結成地域に近いのが注目される。応仁乱後の町の復興がこの地域を中心としたのか、町共同体から町組の結成がこの地域を中心に凝縮したとも考えられる。

もっとも明らかな変化は、やはり町共同体から出す山鉾ばかりになって、「大舎人の鵲鉾」や「定鉾」「白河鉾」のような職種別結合の座の出す鉾がなくなったことであろう。「所々のくら役」の「甲ほく」もなくなって、町の出す山鉾ばかりになってしまったことである。

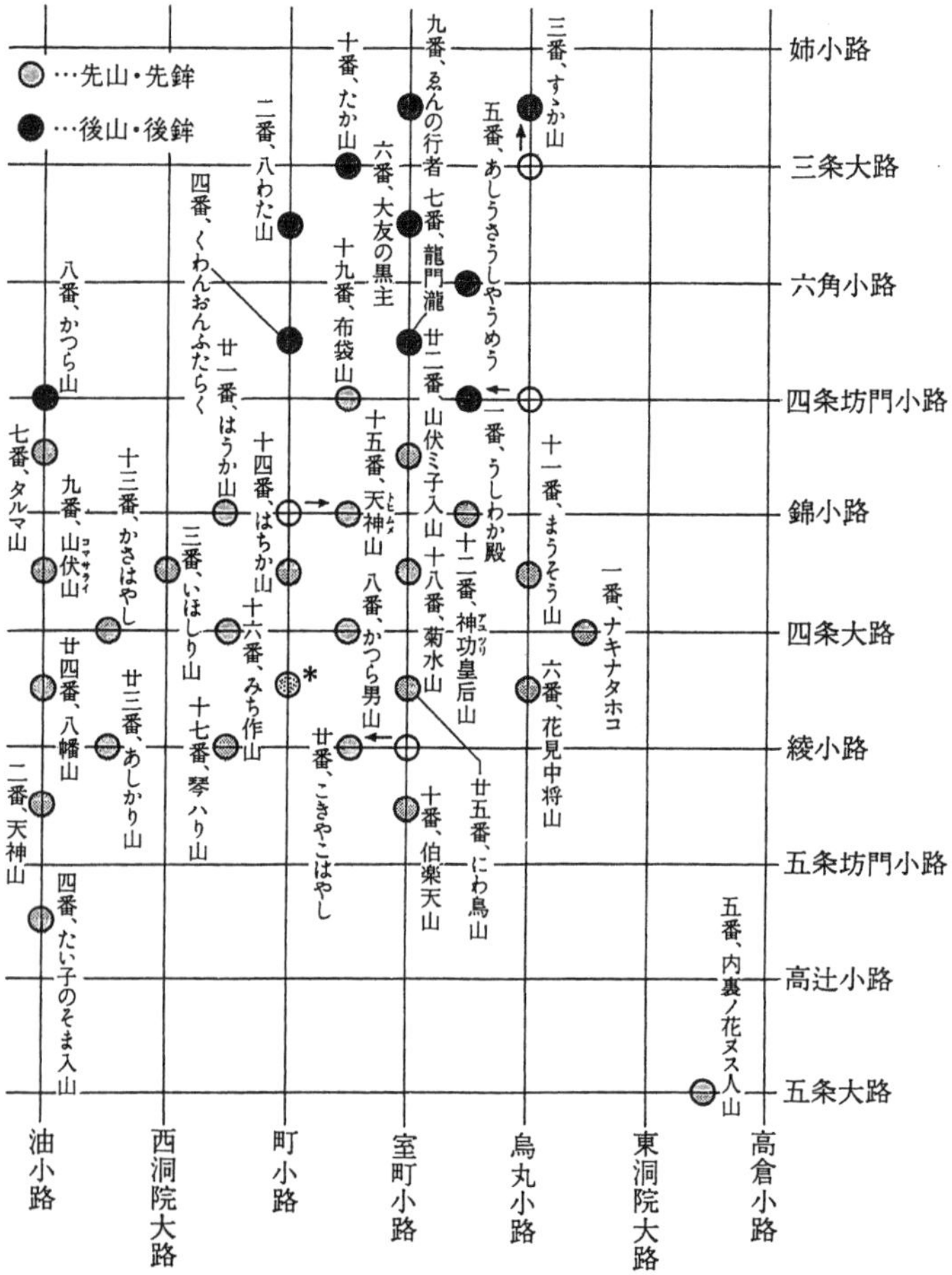

・角表示は現在の山鉾から推定して、両側町にもってきたのは、第四図と同じである（⊕→●┼）。推定不可能のものは角に入れた。

・＊印は、「廿七番 先規相定終ニ渡也 四条トアヤノ小路ノ間也」と書かれていて、通りの表示がない。しかし「神功皇后の舟」と推定して入れた。

第七図　明応９年再興の山鉾所在地

幕府は、座の出す鉾も出してもらおうと、躍起となっているさまがうかがわれる。幕府は「奉行人奉書」という奉行人が将軍の意志を承って出す公文書を出して、祇園会復興をよびかけている。「大舎人輩、神役に従わず」と、たびたび奉書が下されていることから見て、何度も働きかけがなされたのであろう。しかし、織手は乱後、下京に移住したものが多いのにもかかわらず、「大舎人の鵲鉾」は復活しなかった。地域に入って、町から出す山鉾に発展的解消をしてしまったといえるかも知れない。

第二の特色は、町々の平等性を認めて、山鉾の巡行の順番を、鬮《くじ》引《び》きにしたことである。

> 今度御再興已後、山鉾次第、町人等諍論の間、鬮取次第なり、前の日、町人等、愚亭に来たりこれを鬮取る、雑色等、出入りこれを申しつく　頼亮

と書かれて、七日と十四日とにそれぞれ鬮の順番に山鉾名と住所が書かれている。ただし、「一番、ナギナタホコ」には「先規ヨリ相定畢《おわ》んぬ」と書かれており、「廿七番　四条トアヤ小路ノ間也」とあって、「先規相定終ニ渡也」とあり、しんがりを勤めると決まっていたらしい。これは鉾の名前が書かれず、地名は四条と綾小路の間で縦の通りの名がないが、応仁乱前には「しんくくわうくう（神功皇后）の舟　四条と綾小路間」であり、現在も焼失した「大船鉾」の所在地であるので、それだと思われる。また十四日の分も、「一番、うしわか殿」が「先規ヨリ一番也」とあって、平等に鬮取りといっても由緒のあるこの三つは決まっていた。

第三に注目すべき点は、頼亮が最後に書き上げている山鉾群である。

明応九六十四

一、八幡山、三条町六角間、同六角東一町

一、観音山、上六角町、下錦小路二町

一、れうちん(もカ)の瀧山、六角室町四条坊門間

一、おうともの山、三条室町六角之間

一、ゑんのきやうしやの山、上三条坊門室町、下八三条間二町

一、桂ノ山、四条坊門西洞院堀川間二町

一、鷹山、三条室町西洞院の間二町

一、うしわかの山、四条坊門室町烏丸間、同烏丸面より町

一、あしうさう浄妙山、六角室町烏丸間一町

一、すゞか山、三条烏丸押少路間二町

右山鉾御再興の時より永正四年に至り、不易の申沙汰なり、

祇園社家奉行飯加清房(飯尾加賀守)時に公人奉行

侍所開闔予頼亮、

これらの山や鉾を出す町が、決して一町とは限らず、観音山は上は六角町から下は錦小路町までの

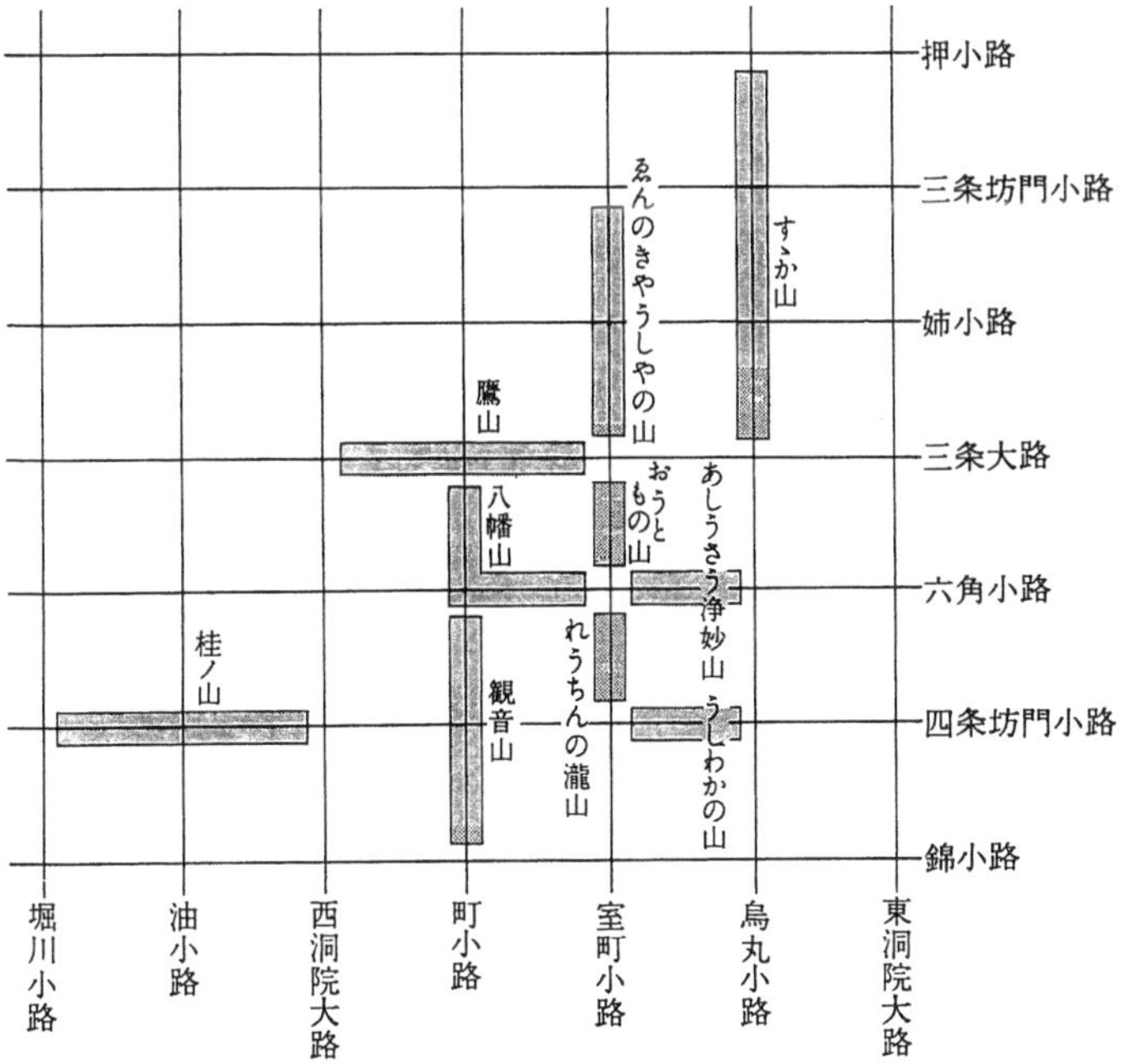

第八図　明応９〜永正４年山町分担図

二町から出されることになっていた。現在では北観音山と南観音山にわかれているが、明応再興時には観音山一つを出していたことがわかる。「ゑんのきやうしやの山」は上は三条坊門室町と下は三条間の二町から出ている。「すゞか山」のように、三条烏丸押小路間二町は現実には三町である。記載に誤りと不確かな点が多いが、とにかく第八図に見るとおり、二町・三町から出していた。それが明応から永正四年に至る間の「不易の申沙汰」といわれていて、変わらなかったことがわかる。山鉾は一町一つとは限らず、二〜三町で出す場合もあったのである。

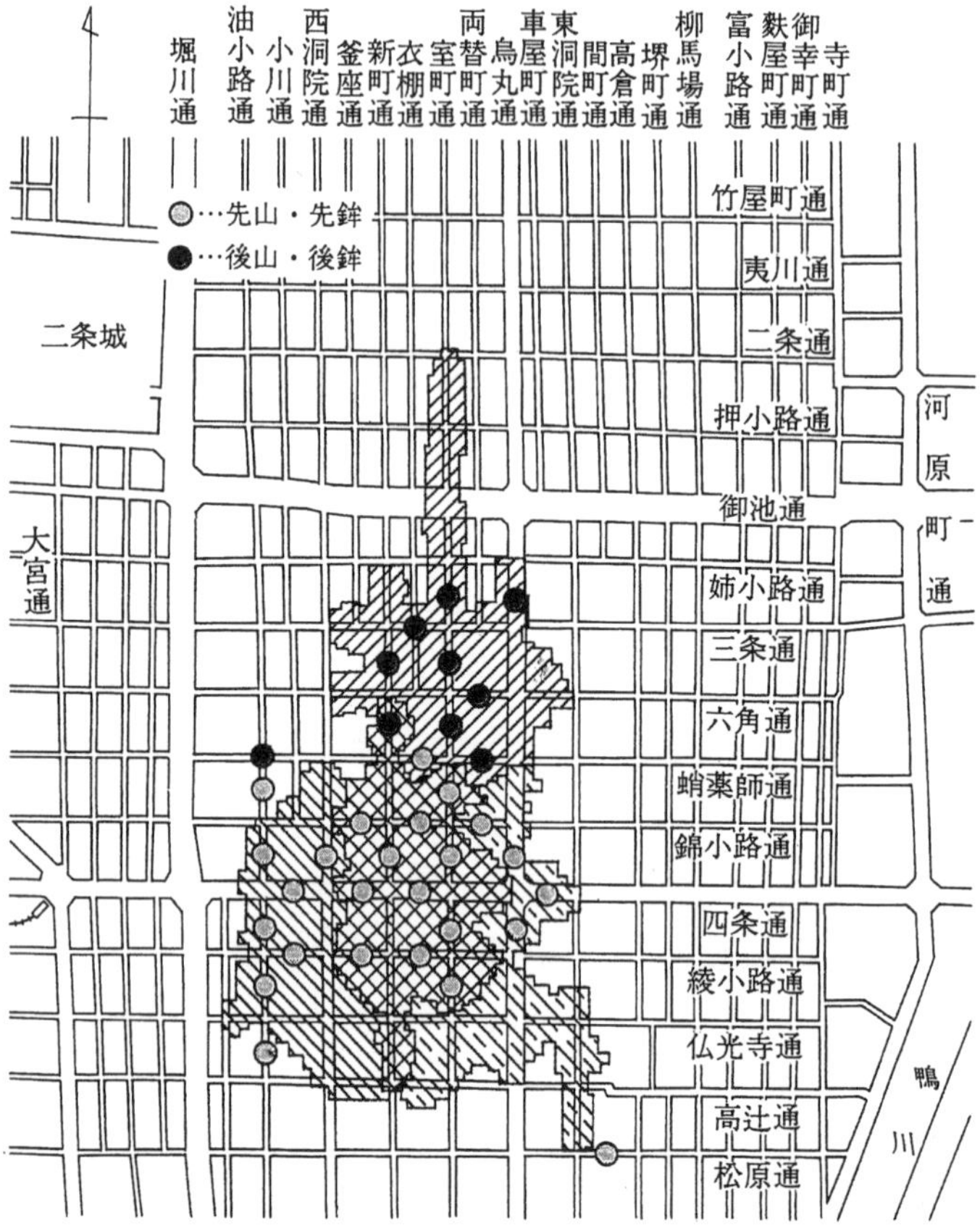

『京都の歴史』第4巻　木下保雄作成町組織図に山鉾所在地を記入した。

第九図　下京町組と山鉾図

ところが二〜三町で出した山のうち、すゞか山（鈴鹿山）は明応再興時の公式の鬮取りの記載には、「三条からす丸」とあり、現在も三条と姉小路の間と烏丸の町から出ている。「ゑんのきやうしやの山」も「あねか小路室町と三条之間也」とあって、これも現在の町と同じである。二〜三町で出すことになっていても、結局は主として出す町に収斂していったものと思われる。

六　出し物の続いた山、変わった山

狂言「籤罪人」がいつごろにできたか明らかではないが、出し物が続いている山として、「牛若山」「鯉山」などを挙げていて、もう固定していることがわかる。大きな橋を作って「鷺の橋を渡《わた》いたかささぎの橋を渡いた」と囃そうというのは、「下の町から出ましたが、囃子物が揃わいで、洛中洛外の笑い物になりました」といわせて、出し物に苦心するところを見せている。

応仁乱前から、明応の再興、現在の山鉾の異同を第五表に書き出してみた。

応仁乱前から、明応の再興、現在の山鉾まで、まったく変わることなく、同じ町内が同じ山や鉾を出しつづけているのは、長刀鉾、孟宗山《もうそうやま》、鈴鹿山、橋弁慶山、役行者山である。天神山も飛び梅が霰《あられ》になったり、少し変形しているが、同様と考えていいだろう。また、別の乱前書き出しにある白楽天山、綾傘鉾も同じ出し物が続いている。蟷螂山《とうろうやま》（かまきり山）はずっと同じ町内から出ているが、応

第五表　山鉾テーマ連続・不連続の表

場所	応仁乱前	乱前書き出し	明応九年	現在
四条東洞院烏丸間	長刀ほこ	ほこ	ほこ	長刀鉾(四条通烏丸西入ル)
錦烏丸四条間	まうそ山		まうそう山	孟宗山(烏丸通四条上ル)
三条烏丸姉小路間	すずか山		すずか山	鈴鹿山(烏丸通三条上ル)
四条坊門烏丸室町間	うし若弁慶山		うしわか殿	橋弁慶山(蛸薬師通烏丸西入ル)
姉小路室町三条間	えんの行者山		えんの行者	役行者山(室町通三条上ル)
錦町室町間	天神山		トビウメ天神山	霰天神山(錦小路通室町西入ル)
綾小路室町五条坊門間		白楽天手かき	白楽天山	白楽天山(室町通綾小路下ル)
綾小路室町町間		はやし物	こきやこはやし	綾傘鉾(綾小路通室町西入ル)
四条西洞院錦間	おがひき山、かまきり山		いぼじり山	蟷螂山(西洞院通四条上ル)
三条町六角間	八幡山、れうもんの滝山		八わた山	八幡山(新町通三条下ル)
綾小路油小路西洞院間	すみよし山	あしかり山手かき	あしかり山	芦刈山(綾小路通西洞院西入ル)
五条坊門町高辻間	岩戸山	あまのさかほこ山		岩戸山(新町通高辻上ル)
四条烏丸室町間	函谷ほこ	ほこ		函谷鉾(四条通烏丸西入ル)
綾小路町五条坊門間		大船		船鉾(新町通綾小路下ル)
四条油小路西洞院間	こきやこはやし物		かさはやし	四条傘鉾(四条通西洞院西入ル)
錦町四条坊門間	ふだらく山			南観音山(新町通蛸薬師下ル)
六角町四条坊門間			かんのんふだらく	北観音山(新町通六角下ル)
三条室町西洞院間	鷹つかい山		たか山(三条町室町間)	(鷹山)(三条通室町西入ル)

五条東洞院高倉間	花ぬす人山		内裏ノ花ヌス人山	
烏丸四条綾小路間	花見の中将山	花見の中将山	花見の中将山	
五条坊門油小路綾小路間			天神山	油天神山（油小路通綾小路下ル）
錦烏丸室町間			アユツリ神功皇后山	占出山（錦小路通烏丸西入ル）
六角烏丸室町間			あしうそうじゃうめう	浄妙山（六角通烏丸西入ル）
三条室町六角間			大友の黒主	黒主山（室町通三条下ル）
六角室町四条坊門間			龍門山	鯉山（室町通六角下ル）
				木賊山（仏光寺通西洞院西入ル）
				保昌山（東洞院松原上ル）
四条坊門室町錦間	山ふしほこ		山伏み子入山	山伏山（室町通蛸薬師下ル）
五条坊門油小路高辻間	太子ほこ	太子のそまいり山	たい子のそま入山	太子山（油小路室町西入ル）
室町錦四条間	留水ほこ		菊水山	菊水鉾（室町通四条上ル）
綾小路室町四条間	庭とりほこ	庭鳥ほこ	庭鳥山	鶏鉾（室町通四条下ル）
錦町四条間	ほうかほこ		はちが山	放下鉾（新町通高辻上ル）
四条室町町間	かつら男ほこ		かつら男山	月鉾（四条通室町西入ル）
錦油小路四条坊門間	だるまほこ		タルマ山	
綾小路町西洞院間	地きうほこ	ちさうほこ	琴ハリ山	伯牙山（綾小路通新町西入ル）
四条坊門町室町間	じょうめう坊山		布袋山	（布袋山）（蛸薬師通室町西入ル）
四条西洞院町間			みち作山	郭巨山（四条通新町西入ル）
錦西洞院町間	こかうのたい松山		ほうか山	

四条町綾小路間	じんぐうこうごうの舟	大船		(凱旋船鉾)(新町通四条西入ル)
四条東洞院高倉間	かんだかうぶぎぬ山			
四条猪熊(角)	あしかり山			
万里小路錦高倉間	まうそ山			
錦東洞院高倉間	いだてん山			
錦烏丸東洞院間	弁慶衣川山			
五条高倉高辻間	こはんもち山			
四条高倉綾小路間	うかい舟山			
綾小路万里小路高辻間	ひむろ山			
錦東洞院(角)	あしかり山			
二条町押小路間	すて物ほこ			
押小路三条坊門間(?)	だいしほこ			
姉小路三条間(?)	弓矢ほこ			
所々のくら役	甲ほこ			
三条烏丸室町間	やうゆう山			
三条西洞院油小路間	山			
鷹司猪熊近衛間	ふすま僧山			
五条坊門猪熊高辻間	なすの与一山			
二条室町押小路間	泉の小二郎山			
綾小路猪熊(角)	あさいなもん山			

四条高倉綾小路間	柳の六しやく山			
大との房	かさほこ			
高辻猪熊(角)	くけつのかい山			
?	西行山			
?	じねんこじ山			
?	てんこ山			
?	柴かり山			
?	小原木の山			
四条東洞院綾小路間	はねつるべ山	はねつるべ山		
五条坊門室町高辻間		御ゆだて手かき		
五条坊門西洞院高辻間		ゑびす手かき		
綾小路西洞院五条坊門間		ことわり山		
四条室町(角)		ほこ		
四条油小路錦間			コマサライ山伏山	
四条油小路綾小路間			八幡山	
四条坊門油小路間(角)			かつら山	
四条綾小路間(?)			?(凱旋船鉾)	

(濁点を補って読みやすくした)

仁乱前には、四条西洞院と錦間の町は、おがひき山（大鋸引山）と「かまきり山」の二つを出しており、それが再興時には、いほじり山（かまきり山）一つに絞り、現在まで続いている。八幡山も同様で、三条町と六角間は、八幡山と龍門の滝山を出していたが、再興時に八幡山一つに絞っている。現在の芦刈山の町も同様である。応仁乱前は一つには住吉山と書かれ、一方では、手舁きの芦刈山に書かれている。

それが乱後再興には、芦刈山になっており、ずっと現在まで続いているのである。住吉山というのは、神功皇后と関係する住吉の神か、和歌の明神かであって、芦刈山は、『大和物語』に取材した世阿弥の能楽の「芦刈」か、または当時の宗教説話の『神道集』に出てくる「葦刈大明神」の話であろう。これは別れた夫婦の物語である。同様の例が、岩戸山を出す町で、乱前にはそれぞれ、「岩戸山」と「あまのさかほこ山」を出すと書かれている。いずれも記紀神話に取材しているが、天逆鉾《あまのさかほこ》で天からかき廻して、その雫を垂らしたのが島になるという国土創世神話と、天岩戸《あまのいわと》に天照大神が隠れたという神話とは内容が違うから、その双方が存在したものと思われる。それが岩戸山に収斂したものであろう。

また、明応には再興しなかったけれど、随時再興して、現在まで続いている鉾や山は、函谷鉾《かんこぼこ》、現在の船鉾に続く大船、四条傘鉾に続く「こきやこはやし物」である。また、現在の北観音山と南観音山は、前節で述べたように、応仁乱後再興の時はその二町で、「ふだらく山」を出しており、「かんのんふだらく」と記されているが、いつのときからか、南北の観音をそれぞれ出すようになった。応仁乱前から明応の再興まで、同じ山や鉾を出しており、出し物は固定しているが、現在まで続いていないものに、「鷹山」「花ぬす（盗）人山」「花見中将山」「たるまほく（乱後はタルマ山）」の四つがある。鷹山は元治の大火（一八六四年）により廃絶した。花盗人山は和泉式部のために内裏の花を盗んだ藤原保昌《ほうしょう》を主人公にするもので、保昌山と同じだが、少し町がずれている。花見中将山はまったく廃絶してしまった。

逆に明応の再興時に山鉾を新しく出すようになって、現在まで続いている山鉾も多い。現在の油天《あぶらてん》神山《じんやま》（天神山）、占出山《うらでやま》（アユツリ神功皇后山）、浄妙山（あしうさう浄妙山）、黒主山（大友の黒主）、鯉山（龍門山）などである。他に明応以後にできた木賊山《とくさやま》、保昌山がある。

次にテーマは同じであるが、鉾が山になったり、山が鉾になっているものについて述べよう。鉾から山へ変わったものが、山伏鉾が山伏山、太子鉾から太子山、鉾から山へそしてまた鉾への変化が、留水ほく—菊水山—菊水鉾、庭とりほく—庭鳥山—鶏鉾、ほうかほく—はちが山—放下鉾、そして、かつら男ほく—かつら男山—月鉾も、かつら男は月に住む男なので同じものであろう。以上の四つである。同じく鉾から山に変わったが、その後廃絶した「タルマ山」がある。これから見て山と鉾の違いは、形状の違いであって、決して固定されたものでないことがわかる。祇園会参加の町内の格などを示すものではないようである。

次のグループは、時々に出し物をすっかり変えてしまった町である。まず最初にあげられるのは、応仁乱前と、乱後の再興時で変わったものである。「ちさう（地蔵）ほこ」を出していた綾小路町と西洞院間は、再興時に趣向を変えて、伯牙の断琴説話に基づいて、「琴ハリ山」にしている。これが現在の「伯牙山」である。この「琴わり山」は乱前は隣町というべき綾小路西洞院と五条坊門間が出していたものであるが、再興しないとあって、アイデアを譲り受けたものと思われる。四条坊門と室町間から出ていた「じやうめう（浄妙）坊山」も、再興時に「布袋山」に変わり、以後続いたようであるが、のち廃絶した。そのかわりに六角烏丸と室町間が乱後再興時から「浄妙山」を出して現在まで続いている。

明応再興時とそれ以後で出し物が変わるのは、みち作山—郭巨山《かくきよやま》であり、母親に孝養を尽くすためにわが子を殺して土に埋めようとした郭巨が黄金の釜を掘り出したという孝行説話と、道普請とはテーマの共通性はない。これは現在まで続いている。

錦西洞院と町間は、「こかうのたい松山」という、おそらくは『平家物語』に取材した能楽「小督《こごう》」から取ったテーマで、高倉帝の寵妃の小督局が平清盛ににらまれて嵯峨野に隠棲したのを、源仲国という人が高倉帝の内意をうけて尋ねていき、琴の音によってかくれすむ場所を見つけるという話で、おそらくは仲国が馬に乗り、松明をかざしたところを作ったものであろう。そこから同じく能楽に取材した「放下」とか「放下僧」という、室町時代に流行った雑芸をしつつ仏法を説く人々を題材にした「ほうか（放下）山」に変えている。どちらも能楽に取材しており、題材の関連性がある。

以上、見てきたところでは意外と山鉾の出し物の変化は少なかった。ただし、応仁乱前にあって廃絶した山鉾と、明応再興時にできたものとのあいだには随分の変化があった。時代的変化の特色はそこに現れているかも知れない。乱前に出されていて、廃絶してしまった山鉾は、意味の不明のものもあるが、能楽に取材したものが多い。

前述のものと同工異曲と思われる「葦刈山」が二つ出ている。「氷室山」は丹波の氷室から氷を運ぶ話で、夏祭りにはうってつけの題材、「自然居士山」は鎌倉時代の禅宗の半僧半俗の喝食《かつしき》姿（禅家の少年姿）の有名な説経師で、ささら太郎の異名を取った、ささら説経の元祖に取材した能楽、「天鼓山」は中国に仮託した話で、天から降ってきた鼓をもつ少年から鼓を取り上げた帝の暴虐と、それを悔いて追善を行うと少年の霊があらわれて鼓を打ち、舞を舞うという美しい少年の姿を表現したものと思われる。「西行山」は、『撰集抄《せんじゅうしょう》』などで流布するが、遊女屋に宿を借りようとした西行がことわられる話で、能楽「江口」や、のちの歌舞伎で「時雨西行」といわれるような題材を扱ったものであろう。

以上のように能楽に取材したもの、「やうゆう山」（養由山）のように唐土の弓の名人と伝えられる人を能楽「花月」を通じて描いたものなどが多い。明応再興時以後にできた「木賊山」も能楽に取材したものであるから、能楽に取材するのは中世・近世を通じて流行ったものである。能楽そのものが、故事来歴や和歌の歌枕、漢詩などをわかりやすく大衆化する効果を持っているから、それに親しんだ町人たちが、それを山のテーマにするというケースが多かったと考えられる。したがって廃絶した山や鉾は、題材が流行らなくなったのではなくて、山鉾を出す町などの主体が、祭りに協賛しなくなったためと見ることができる。

その他に当時流行った『義経記』に取材した「弁慶衣川山」、源平合戦その他の影響をうけた狂言などから取った、扇の的の「なす（那須）の与一山」、地獄破りの「あさいな（朝比奈）もん山」、「木買わせ、木買わせ」の狂言小歌や大原女などに取材したかと思われる「小原木の山」「柴かり山」など、室町の時代の流行を知るのに興味深い。

神仏の信仰に関係するものも多い。韋駄天山などは仏教系であるが、「御ゆだて手かき」はおそらく湯立巫女の姿を作ったと思われ、今も壬生《みぶ》狂言に残る「湯立」のようなものであったろうか。「えびす手かき」は、当時の富貴を尊ぶ風潮をよく示しており、戎《えびす》さん大黒さん信仰の反映である。「こはん（小判）もち山」というのも同様の志向であろう。

七　山や鉾のいろいろ

応仁の乱前から、前の七日の祭りでは、長刀鉾が先頭、神功皇后の船が最後と決まっており、十四日は牛若山が先頭と決まっていた。たびたび登場させた侍所開闔の松田頼亮がそれ以外の順番を、鬮取り次第にしたことは、すでに述べたとおりである。

現在では、前もって鬮を取っておき、当日、市役所の前で鬮改めという、華々しい儀式を行っており、町人たちの晴れの場になっているが、それはこの頼亮の争論解決の発案によっていたのである。なぜ長刀鉾が、先頭を切っていくことに決まっていたのであろうか。室町時代には、四条室町の辻が、札の辻といわれて、幕府の高札が立った。慶長六年（一六〇一）以来四座の雑色の行政区分も、四条室町の辻を境に四区分されていた。その辻のまわりには、応仁の乱前から現在まで、東に函谷鉾《かんこぼこ》、西に月鉾（桂男鉾《かつらおとこぼこ》）、南に鶏鉾《にわとりぼこ》、北に菊水鉾《きくすいぼこ》（留水鉾《りゅうすいぼこ》）と四つの鉾が囲繞するように立っている。したがって鉾の辻というよび名もあった。長刀鉾は函谷鉾のそのまた東である。

まず考えられる理由は、七日に神輿が御旅所に入る道筋からいえば、四条大路を通って四条烏丸の辻を南に下がるのには、たしかに鉾では長刀鉾が最初に出会う場に位置している。しかし、神輿渡御のあとについて巡行したかどうか、どちらかといえば独立性があったのではなかろうか、などと考えられる。それは十四日の後の祭りに、牛若弁慶山が先頭になることからも考えられる。十四日の還幸順路が三条大路を東に行くのには、牛若弁慶山は必ずしも先頭をゆくのに都合のいい場所にいるとは思われない。やはり、長刀鉾や牛若弁慶山が古くからできていた山鉾だったから、というところに落ちつくだろうか。

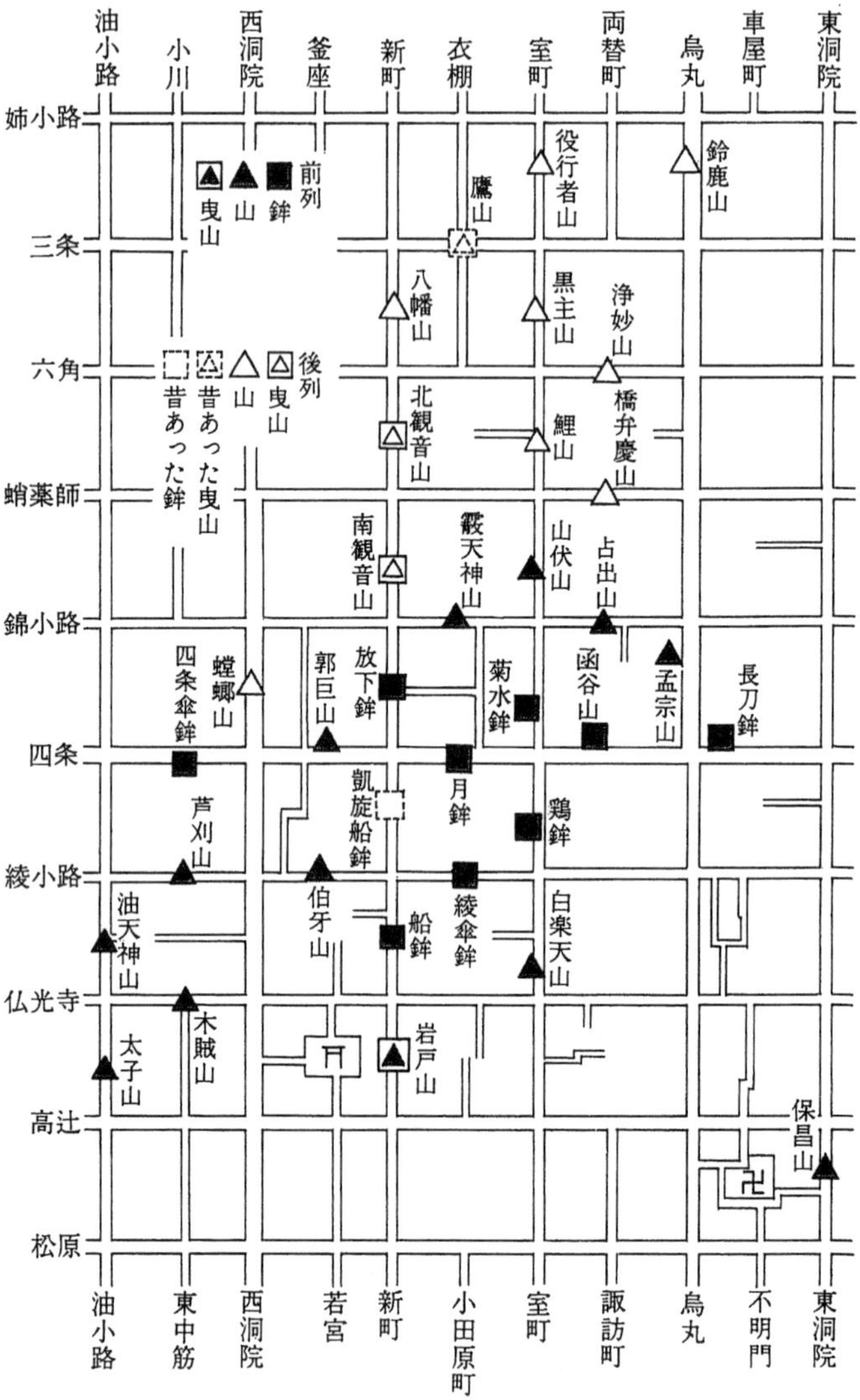

第十図　現在の山鉾所在図

さて長刀鉾は、巷間伝えるところでは、三条の小鍛冶宗近の打ったものとか、そういう伝説がいわれる。しかしそれはまったく違うのである。今に残り、長刀鉾保存会に秘蔵されている長刀鉾の薙刀の刀身には、次のような銘文が彫り込まれていて、「祇園床」にその拓本があった。

去年日蓮衆退治之時分捕ニ仕候ヲ則買留申

奉寄付○感神院江所也　願主江州石塔等（寺カ）○

平安城住三条

大永二年六月三日　　天文丁酉歳六月七日

之麓住鍛冶左衛門太郎助長　　　敬白

二つの文章が入り乱れているので、いささか難解である。まずはこの薙刀は、平安城、すなわち京都の三条に住む鍛冶の手になった大永二年六月三日の日付の銘をもつものであった。ところがその薙刀を天文法華《てんぶんほっけ》の乱で、山門（比叡山延暦寺）方、またはそれに与《くみ》した六角定頼《ろっかくさだより》方として、京都の日蓮宗の町人たちを退治するために攻め寄せた近江の地侍や百姓たちの一人が、分捕りにしてきた薙刀を、石塔寺の麓に住む鍛冶の左衛門太郎助長というものが買い取って、祇園感神院に寄付したものである。時に天文六年六月七日、天文法華の乱の翌年である。

天文法華の乱を説明するためには、その前、享禄五年＝天文元年（一五三二）夏に京都に起こった天文法華一揆から説明しなければならない。この年の六月、法華宗の熱烈な信者であった三好元長の滅亡によって、洛中の町人の法華信徒は大きな打撃を受けた。それに反して、細川晴元と組んで元長を破滅に追い込んだ一向一揆は、本願寺証如の指令下、とどまるところを知らない勢いであった。それを恐ろしく思った晴元は、今度は本願寺と敵対して、同じく驚異を感じる洛中の法華宗と結んだ。洛内の法華宗は本山二十一か寺といわれ、洛中の富裕な町人の多くを信徒としていた。洛内法華門徒は一向一揆進入の報が伝わるや否や、法華一揆を起こし、七月二十八日に立ち上がった。この翌日、年号は天文となるが、洛内法華門徒は打ち廻りと称して、示威行動を行い、一向一揆もそれに対抗して山科本願寺を中心に決起した。

ついに洛内法華門徒は山科本願寺を焼き討ちするに至った。この洛内法華一揆の中心は、洛中の富裕な土倉衆や町人であった。

折しも将軍義晴は近江に逃れており、京都には細川晴元の武将三好・柳本・薬師寺・木沢らが駐在しているだけであった。したがって町々は町人による自治に委ねられていたのである。これに対して反感を持ったのは、山門（比叡山延暦寺）であった。これに味方した六角定頼と両者の軍勢が洛中を攻め、ついに法華宗本山すべてが炎上・滅亡して、町々も焼かれ尽くした。これが天文法華の乱である。

その時、おそらくはその薙刀をもっていた町人は命を落としたに違いない。その薙刀を手に入れた石塔寺の住人の鍛治は、その追善の意味をこめて寄付をしたものであろう。近江は一向宗王国であるが、法華一揆の壊滅を哀れと思う人も存在したのである。感神院に寄進されたこの薙刀を、祇園感神院が長刀鉾町に渡して、長刀鉾を飾ることになったのである。以上のような物語を秘めて、長刀鉾は先頭を切って進むのであった。まことに町人の自治の記念碑としてふさわしいものである。

さて、山鉾の取材は、大きくわけて、武器に由来するもの、中国の故事によるもの、日本の記紀神話に由来するもの、能楽によるもの、当時流行った雑芸などから取っている。まずは順次に見よう。

鉾には武器が多い。それは武器を採り物として、神が降臨すると信じられて、鉾の淵源もそこにあるから、当然武器が多いのであろう。長刀鉾をはじめとして、弓矢鉾、甲鉾などである。また、仏教に取材したものは、中世の当時としては当然であるが、そのわりにはむしろ少ない感がある。北観音山・南観音山・地蔵鉾・布袋山・韋駄天山などがある。

中国の故事によるものは、中国の二十四孝に題材を得たものが、寒中に筍を得た孟宗の故事の孟宗山が応仁乱前には二つあり、わが子を殺して母を養おうとして、黄金の釜を得た郭巨の故事の郭巨山がある。孝行をテーマとするところに町人の志向がうかがわれる。

その他では、中国戦国時代の孟嘗君《もうしようくん》が食客たちのお陰で函谷関《かんこくかん》での難事をきりぬけた故事を表現した函谷《かんこ》鉾、伯牙山は琴の名人伯牙が友人の死を嘆いて、もう琴を真に聞いてわかる人はいないと琴を叩き割った話で、ともに友情をテーマにしている。堯の時代に、良い政治によって、それまで訴訟のたびごとに打たせた諫鼓《かんこ》が苔むし、鶏が宿ったという故事に因んだ鶏鉾、龍門を登った鯉は龍になるという鯉の滝登りの鯉山などで、孝行・友情・良い政治・出世という中国故事に因んだ町人の志向を示している。また白楽天が道林禅師と仏教について問答をしているところを現した白楽天山がある。日本人の中国的教養の深さをうかがい知るものである。

記紀神話や伝説による日本の神や人に因んだものは、岩戸山は天照大神と手力男命《たぢからおのみこと》の人形で、岩戸隠れをあらわす。石清水八幡を勧請した町から出す八幡山、延喜年間、鈴鹿山の悪鬼を退治したといわれる瀬織津《せおりつ》姫、すなわち鈴鹿権現の烏帽子に大薙刀の姿をあらわす鈴鹿山、聖徳太子が四天王寺建立のためにみずから杉をもとめたという伝説による太子山などがある。月鉾は月読命《つきよみのみこと》といわれているが、中世では桂男鉾とか桂男山といわれているから、月に住む男という中国種の話であったかも知れない。

もっとも注目すべきは、応仁乱前から大船とか船鉾といわれた神功皇后舟が二つとずいぶん人気があることである。明応再興後にも占出《うらで》山（鮎釣り神功皇后山）ができている。蒙古襲来以来、神功皇后信仰が『八幡愚童訓《はちまんぐどうくん》』などによって鼓吹されていって、国粋主義的な傾向を深めていく。それが町人社会にも大きく入っていたことがわかる。それとともに神功皇后は安産の神様として、どこにもあった産神と習合していく。牛頭天王が素戔嗚《すさのお》尊と習合していった過程を第三章で見たように、吉田神道などの働きかけもあり、町や村の祭る側の神格を高めたいという要望もあって、無名の神々が皇室祖先神に習合していく動きは、この時期、顕著になっていく。桂女が神功皇后の侍女の子孫と称して、お産の祈禱や赤子のとりあげなどを行ってくるのもこのころである（脇田一九九四）。占出山が安産のお札を売るのも、かかる信仰を背景にしているといえよう。

霰天神山《あられてんじんやま》と油天神山《あぶらてんじんやま》は、いうまでもなく菅原道真を祭る。後者は油小路の地名によるが、霰天神の方は、永正年間の京の大火の時、霰とともに天神が天より降って、火事がおさまったという伝承に基づいていて、何よりも怖い火事の危険を防ぐという切実な要望を担っている。

説話中の人物を主人公にしたものは、まず修験道の開祖、役小角《えんのおづぬ》を扱った役行者山や八坂の法観寺の浄蔵《じょうぞう》貴所《きしょ》を主人公にした山伏山の山伏を扱ったものがある。病気平癒・邪気退散の祈禱を山伏に頼むことが多く、町人の生活に密集していたから、かれらの中の験者として名高い人が選ばれるのであろう。

浄蔵は敬って貴所と呼ばれたり、大徳といわれている。三善清行の八男で、母は嵯峨帝の孫という。天慶二年（九三九）平将門の乱にあたって、降伏のための大威徳法を修めた。菅原道真の怨霊が祟り、藤原時平が死んだ時、加持を頼まれた浄蔵に、怨霊が蛇になって出てきて、外すようにいったとか（『太平記』）、父親の清行にいったとか（『愚管抄』）、とにかく浄蔵がいない時に、時平は死んだという。もっとも有名な説話は、八坂の塔が王城に向かって傾いているのは不吉だといって、加持して傾きをなおしたというもの（『拾遺往生伝』）で、また、浄蔵の八坂の坊に強盗が入ったところ、浄蔵は本尊に向かって、強盗を許せ、と拝んだので、強盗は何もとらずに逃げ帰ったという(『古事談』『宇治拾遺物語』)。恋の話も多く(『大和物語』『今昔物語集』巻三〇―三)、人間性を伝え、もっとも人気のある修験者であった。山伏山が彼が葛城山に峰入りするところを作っているのは、彼が葛城で修行している時に、自分の前世の屍骸を見て、それから独鈷《どっこ》という仏具を得たという説話(『古今著聞集』)などによっているのであろう。相人・易筮《えきぜい》にも名が高かった。

保昌山は和泉式部と藤原保昌の説話に取材したもの、浄妙山は、源平動乱のさきがけになる源頼政の宇治橋合戦に取材したもので、頼政側に味方した三井寺の堂衆で勇猛をうたわれた筒井(三井寺の南院の一つ)浄妙房明秀を主人公にしたものである。『平家物語』の「橋合戦」には、その奮闘ぶりが主に書かれている。大力早業の一来法師《いちらいほうし》というものが、橋が狭くて前に出られないので、浄妙房の甲の手先に手をおいて、「あしう候(失礼しますよ)、浄妙房」と飛び越えて戦い、討ち死にしたと、活き活きと書かれている。その場面を作ったものであろう。明応再興の時、この山が「あしゅうそうじょうみょう」と書かれているのは、おそらくこの一来法師のセリフを示したものであろう。琵琶法師の平家をよく聴いているので、この話が人々に親しまれていたようすがわかる。弁慶衣川山はいうまでもなく出典は『義経記』である。応仁乱前の「かんたかうぶぎぬ山」はおそらく「源太が産衣」で、八幡太郎にちなむ源氏重代の鎧に取材したものであろう。

能楽取材のものは、芦刈山・菊水鉾・木賊《とくさ》山・黒主《くろぬし》山・橋弁慶山・天鼓《てんこ》山・自然居士《じねんこじ》山などがあげられる。橋弁慶山は、『義経記』か能楽か直接の取材がいずれかはわからない。菊水鉾も中国種が、「菊慈童《きくじどう》」「枕慈童」などの能楽を経たものかどうか、皇帝の枕を飛び越えた罪によって山中に捨てられた慈童が、枕に書かれた経文の功徳によって六百年を生きるという霊験譚であるが、稚児好みの世相を反映している。天鼓山については前に述べたので筋は省略する。これも中国の話になっているが、中国に著明な故事がなく、日本での創作と考えられているから、能楽からの取材と考えてよい。

芦刈山は能楽「芦刈」からといわれるが、能楽は夫婦の愛情と和歌の徳を説いて、ハッピーエンドになっているが、山は独りわびしく葦を刈る老人を出しており、どちらかといえば、能楽が取材した原典の『大和物語』の夫婦別れの話に近い。木賊山も同名の能楽で、木賊を刈る老人が失った子を思って狂乱して舞を舞う話、黒主山は能楽「志賀」にのっとって大伴黒主を主人公にする。いずれも相当渋い好みであり、町人の教養がうかがわれる。

自然居士山も筋は前に述べたが、放下僧の元祖といわれる少年姿の説経師である。放下鉾も天王といわれる人形が放下僧で、同じ主題を扱っている。能楽も共通の地盤である、当時の流行の芸能者をテーマにしたか、能楽から取ったものか、双方が考えられる。

狂言物らしいものも狂言に取材したか、共通の芸能地盤から取ったか、いずれともわからないものが多い。なすの与一山・あさいなもん山・小原木の山などがあげられる。なすの与一山は、『平家物語』の那須の余一の扇の的の話であるが、狂言では「那須の語《かたり》」として、重いものになっている。もともと、能楽「八島」の間狂言の演出の替であるが、独立して語られることが多い。あさいなもん山は、鎌倉幕府草創の重臣で、侍所の別当であった和田義盛の一族が、和田合戦で滅亡する時、子で豪勇をうたわれた朝比奈三郎義秀が活躍するが、その後日譚として、地獄に落ちた朝比奈が地獄破りをする愉快な話。これは「お伽草子」にあり、狂言とどちらが先とはいえないが、この地獄破りの説話がこの時期に生まれているのは世界に類を見ないと、バーバラ・ルーシュ氏はいわれている。

小原木の山も、「木買はし、木買はし、小原木召され候へ」ではじまる雅びな狂言歌謡から取材した山である。狂言「若菜」のなかで謡われる。「若菜」は果報者が野辺に出て、来あわせた大原女たちと酒を酌み交わし、小歌を謡って遊ぶという楽しいお話。狂言歌と謡われるものであるが、もともと独立した室町小歌であったかも知れないし、のちの天正二年風流踊や、女歌舞伎踊歌などにも取られて流行した歌である。

放下や狂言小歌のように、当時の流行をそのまま取り入れたのは、綾傘鉾・四条傘鉾などの傘鉾の囃子物である。乱前には「はやし物」、再興時には「かさはやし」「こきやこはやし」と書かれているが、「こきりこ囃子」であろう。能楽「放下僧」の有名な小歌の「面白の花の都や」の一節に「こきりっこは放下にもまるる」と謡われている。現在も傘鉾で、壬生狂言に伝えている棒振りがなされるのも室町時代の雰囲気を伝えていて興味深い。

その他、蟷螂山や橋弁慶山で、からくり仕掛けがあって面白いが、あの精巧さは江戸時代のものであろう。乱前にあった「はねつるべ山」というのは、ひょっとしてからくりによるものかとも思うが、後考を待ちたい。

結びにかえて——各地の祇園祭

都市は人間が集まり住むところである。京都や奈良は、首都として早くから町場となった。そこでは疫病の流行は、もっとも恐ろしいものであった。それ故に、早くから疫病除災の方策が講じられたのである。そして、疫病の流行を契機にして、その他の社会不安もあって、施政者に対する批判や社会的な動揺が、倍加して出てくるということもあった。

疫病の流行という現象は、政治的な失脚者のこの世に対する怨みを、天が代わって行っているのだと考えられた。その御霊を鎮魂・慰撫して、他に転送するというだけでは、民衆にとっては今ひとつ、納得できないものを含んでいた。特定個人に対する怨みが、社会全体のものに転化するには、もう一つの論理の進展が必要であったのである。

第一に、疫病の流行は、異国から入ってくる場合が多かった。異国からの病気はやはり異国の神がもたらし、その鎮魂によって慰撫されると考えるのが、自然のなりゆきであろう。第二に、その異国の神は、人の行動の善悪により選択して、守るべき人間は守るという、祟り神から守り神に転化していたのである。

そこに祇園牛頭天王の信仰が、他の御霊神を凌駕して、疫病除災神として風靡した理由があった。鎌倉時代の寛喜三年（一二三一）、洛中のある僧が、祇園の示現《じげん》だといって、夢記を書き人々に示した。疫癘《えきれい》が五月以後、六月十八日まで蜂起するので呪符を張り、人別銭五〜三文を宛てて心経《しんぎょう》を読誦《どくじゅ》し、巽《たつみ》の方の鬼気祭を修するならば、世上、疾病・疫病も餓死も免れるであろうというのである。九条道家は、それを早速、子の鎌倉将軍の頼家に書いてやり、それで鎌倉幕府も御所の四角四堺鬼気祭《しすみしかいききさい》を行っている（『吾妻鏡』）。この年、京都では疫病の流行激しく、昨二年は飢饉であった。世上不安の有り様がよくわかる話である。

鎌倉時代中期ごろから、畿内農村は集村化して、村民も集まって暮らすようになり、その傾向はじょじょに諸国に広まっていった。そのころから各地に都市が発達しはじめる。それらの村や町で、恐ろしいのはやはり、疫病の蔓延である。牛頭天王を勧請して、疫病除災を願う。各地に祇園社が多いのは、その土地の集住度を示すと私は思っているくらいである。領主も積極的に祇園を勧請した。十六世紀にできる城下町にも祇園社は多く、祇園祭系統の祭りは多い。

まず最初に、祇園祭系統の祭りが現れるのは、京都の西側の入り口である大山崎である。油神人で有名な富裕な商人の集住したところである。のちには、石清水八幡宮の神人となって、離宮八幡宮を結節点とするが、それ以前より、山崎神ともいうべき地主神を中心とする宮座があった。それは玉手《たまて》より祭り来る酒解神《さけとけのかみ》ともいわれて、境界を守る神であったが、いつのころから、牛頭天王に代わり、天神八王子社になり、山崎山は天王山とよばれるようになった。後年の豊臣秀吉と明智光秀の天王山の戦いの場である。

天神八王子社になった時期は残念ながらわからない。しかし、鎌倉期の正嘉元年（一二五七）には、宮座の長者が連判署名しているが、その宮座は室町時代には、天神八王子社の宮座として確立している大政所座、溝口座の二つからなる大山崎十一保の宮座の長者に連続しているのである。したがってそのころには、すでに天神八王子社の祭礼共同体となっていたと見ることができる。現在も山頂に、鎌倉時代のものといわれる神輿庫が残り、五位川保には、御旅所と祓堂《はらえどう》があった。四月八日の祭礼には、神輿が御旅所まで渡御した。

大山崎では商工業者の力が強く、都市結集が早くて、石清水八幡宮を背景に油神人を中心にして、鎌倉時代には自治を獲得している。足利幕府に味方してさらに力を持った大山崎惣中（自治の都市共同体）は、石清水八幡宮の支配から脱却して、まったくの自治都市としての過程を歩む（脇田一九八二）が、興味深いことに、住民の祭礼である天神八王子社の祭礼と、神人を中心にする石清水八幡宮の日使大祭とはまったく別の祭りであった（小西一九七六）。住民の宮座は、天神八王子社のそれであって、石清水や離宮八幡宮の宮座ではなかった（本多一九七三）。宮司の津田氏のお話では、離宮八幡宮には氏子はなかったのである。

大山崎の天神八王子社の祭礼は、京都のように、朝廷・貴族、幕府・将軍などの主導勢力がなく、商工業者たちの自主性のみで祭りが運用されていくので、神輿渡御の行列のみである。導入された時期からも、そうであるかも知れない。山鉾巡行がかたちを整えてくるより以前に祭りができたからであろう。そして江戸時代を通じても、廻り神主制であったように、住人の自治による自主的な祭りとして展開するのである。しかしながら、根本住人を称する神人（社家・地侍）と、平民《へいみん》との二段階があって、階層差の強い構成をもっていた。

奈良では、東大寺の手掻《てがい》祇園会というのがある。十四世紀に東大寺が、悪疫退散を願って京都の祇園社を勧請したもので、はじめは東大寺が所領荘園に費用を賦課して祭礼を行っていたが、十五世紀には、門前町七郷に賦課するようになった。また、郷民の参加もあって、各郷から子供が車の上で鼓を打ち舞を舞う舞車を出したり、四郷から山（山車）を各年回り持ちで出させたりしている（和田一九七〇）。ちょうど京都の祇園会の神輿渡御と山鉾巡行の中間形態といえるものであった。しかし、十七世紀には領主たる宗教勢力の失墜とともになくなってしまうのである。

より華やかなのは、大内氏の城下町山口の祇園祭であった。今も三基の神輿が出て賑やかである。ここでは祇園会とともに、京都からもたらされた鷺舞が、今も残っていて古風な姿を伝えていた。その鷺舞が大内氏の家臣吉見氏の城下町、津和野に伝わり、艶やかな姿を繰り広げている。それがまた、戦後、京都に再輸入されて、里帰りともいうべき復活を見たのは、嬉しいことであった。

津和野で感嘆したのは、伝統的な鷺舞とともに、子鷺踊りという女子小学生の繰り広げる集団舞踊である。戦後の時期、地域史研究家の田中良氏をはじめとする人々が皆が楽しむお祭りにするために、私費を投じて、子鷺の衣装を作って、考案されたという。これでこそ、皆の祭りだ、という感を深くして帰京した。

愛知県津島の天王祭、福岡県博多山笠、滋賀県長浜祭など、一町単位で山車などの作り物が出る祭りは、祇園祭の山鉾巡行を祖型としているだろう。疫病除災神としての牛頭天王信仰と、町々から山や鉾を出すという町共同体の結合のシンボルとしての祭りというものがマッチしたところが、祇園祭形式の祭礼がより風靡した原因だと思う。

ただしこれらの祭りは、町共同体あるいは、村共同体のメンバーの結束の象徴としての祭りであるが、中世や近世の共同体は、すべての人々が入るわけではない。構成メンバーは、「町人《ちようにん》」「村人《むろと》」といわれる、れっきとした人々に限られていた。町なら家持、村なら本百姓としての高持（耕作する土地をもち、貢納責任をもつ）に限られていた。借家人や小百姓は同等の権利を有しておらず、被差別民は町や村の囲いのなかから外へ放り出されたのである。皮肉なことに、町人や村人が共同体の「構え」といわれる権利を高め、主体性をもつに従って、その差別意識は強くなるのであった。中世では宮座は、戸主の男座と並んで女座があり、対になっている所が今も若干残っている。しかし、近世には、宮座は男の戸主の力を見せる場になっている。もちろん町や村の行政の場であるのだ。

したがって残念なのは、これらの祭りの多くが、女人禁制となっていて、男性のみの祭りになってしまっていることである。町の地縁的な共同体が、世帯主である男性をメンバーとしているからか、と考えていたが、必ずしもそうではないらしい。山路興造氏は、江戸初期に長刀鉾らしい鉾に女が乗っている屛風を発見された（山路一九九三）。その後、私も越前の相木氏のお宅で同様の屛風を拝見した。

山路氏によれば、同じく女人禁制の酒造にも近世初期に女性の参加の見られる絵があるそうである。女人禁制は、江戸中・後期の社会が閉塞状況になってきたころに、強化されてきて、祭礼にも及んで来るのではなかろうか。同じころ、被差別民に対する差別も強化されてくる。祭礼は担い手によって、いつも変化するものだ。

祇園祭には、初期から被差別民も、女も参加していたことは本稿で詳しく述べたところである。否、被差別民というのは正しくないであろう。そのころには、かれらは差別されていなかったであろうから。排除され、差別されていくのは、死穢、出産や生理の血穢を忌む触穢思想によっている。科学の進展によって、このような差別の非合理性が明らかになった現在、女人禁制を墨守・固定する意味はない。伝統的な祭礼文化という以上は、祭礼の初心にかえって、すなわち疫病除災による生活の安定を願うために「老若男女貴賤都鄙」すべての人々の祭りに帰るべきではなかろうか。

中世後期には町人や村人は強固な共同体を結成し、裁判提訴権も自分たちのものとして、共同体の権利を高めた。それが現在の市民社会に受け継がれて、市民的権利と責任の源流となっている。かかる歴史を祇園祭は体現していったのだ。したがって、前近代では、共同体内部のメンバーは平等であったが、外部に対しては特権的な共同体であった。その結成のシンボルであった祭りが、現在の市民社会に適応していくためには、すべてに平等な市民の祭りのシンボルにならねばならないだろう。

あとがき

私が祇園祭、あるいは『八坂神社記録』『八坂神社文書』を手がけるようになったのは、鬮引きであたったことによっている。中世人ならば神慮というであろう。

一九五七年（昭和三十二）、大学院修士課程に入った時、恩師小葉田淳先生の演習の題目は『京都の都市と商業』であった。京都の史料を分担して、何でも報告するように、ということであった。分担するために、皆で史料を書き出して、鬮引きをしたのだが、あいにくと私は居なかったらしい。誰かが代わりに引いてくれて、「八坂が当たったでエ」といってくれた。あわてて、影写本をめくり、刊本を買いに走ったのを覚えている。そして友人を誘って、生まれてはじめて祇園祭を見に行った。その年は祇園の綿座について報告した。そのことも商業史に興味をもつ機縁となった。のち『日本中世商業発達史の研究』をまとめたときに、本書にも書いた祇園の綿座の争論から得たことは大きかった。次の年には、祇園祭の本書の骨子になった「馬上十三鉾と馬上役」の報告をしたのである。早くも四十二年の歳月が流れている。

その後、私は祇園祭に興味を燃やし、調査をされていた民俗学の高取正男さんに一緒に連れていってくれとお願いした。そうしたら高取さんは、ケラケラ笑って「祇園祭は女人禁制が多いから、あんたなんかカッカして」と言われてしまった。しかし、私の書いたペーパーの話は面白いと言ってくださって、林屋辰三郎先生にお話しくださったらしい。『芸能史研究』が発刊された時、林屋先生がお声を掛けてくださって第四号（一九六四年）に、「中世の祇園会——その成立と変質」として載せていただいた。また、林屋先生の御紹介で、時の八坂神社宮司高原美忠氏から、御丁重なお便りをいただき馬上十三鉾を復元したいというお話もあった。今は亡き福井秀一氏（白楽天山）がその論文を読まれて、私宅へおいでくださり、半日、祇園祭の話をされたのも、懐かしい思い出である。祇園祭を支える山鉾町の方々の熱意に感動した。私も福井さんや吉田孝次郎さん宅、寿岳章子さんに連れられて木村万平さん、廣田長三郎さん宅に国内外の友人や学生を連れて、お邪魔して御馳走になった。これぞ京の「町衆」文化と思ったものである。

その後、私は芸能史を研究したいと思っていたが、少しそれてしまって、商業史や都市史をやることになってしまった。しかし、八坂神社の記録・文書は相変わらず座右の書となった。『日本中世都市論』や『室町時代』では、一町から一つ出す山や鉾に、町共同体の結束を見いだし、それが南北朝時代から出ていることを主張して、同時期の町共同体の結成の論拠とした。

のち、アメリカのプリンストン大学・ブラウン大学や、カナダのブリティッシュ・コロンビア大学で開かれた汎太平洋中世学会において、「日本中世の都市祭礼と共同体」という研究報告をおこなって、広く興味をもってもらったと思う。フランスの社会科学高等研究院の機関誌『アナール』誌にものせてもらった。その研究報告を聞いた友人たちをずいぶん祇園祭に案内したものである。

女性史をやるようになって、巫女に興味をもち、「中世祇園社の『神子』について」を書いた。中世の祇園社や信仰の一角を支えている巫女の埋もれた歴史を掘り起こしたいと思ったからである。

さて、私の最初の馬上十三鉾と馬上役の論文（「中世の祇園会」）は、当初あまり中世史学界では興味を引かなかったが、十五年経って、瀬田勝哉氏の批判の対象となり、その後、五味文彦氏をはじめ、中世祇園社関係の研究では、いつも論議の俎上にあげられた。私としてはそのことによって、研究が進展したのが何よりも嬉しい。両氏をはじめ、本書にあげた幾多の業績によって、やっと祇園祭の生成と発展の、私なりの筋道を描くことができるようになった。諸氏に感謝したい。

思えば、祇園祭の最初の論文を書いたのが一九五八年で、それを発表したのが一九六四年、それから約四十年、三十五年の年月が流れている。その間、私はこのテーマを温めていたのか、冷やしていたのであろうか。最初のころは、祇園祭の組織を研究することで、下京の町共同体のあり方がわかれば、下京を拠点とする商工業者のあり方がわかれば、と思う要素が強かったように思う。しかし、だんだん、町の人々の祭りを中心とする生活史というものに興味の中心が移っていった。都市民衆の疫病の予防や生活の安定などの願いなど、信仰や祭礼が、いかに人々の日常と密接にかかわっているか。それを通じて中世人の息吹きにふれる思いがあった。それを一貫して書くことによって、祭礼を中心とした一つの都市生活史が書けたらというのが本書の目論見である。

最初に書いたように、祇園祭は御霊会がはじまった九世紀から数えて千百年あまり、御旅所や馬上役の成立を経て、現在の祭礼の主役、山鉾巡行の成立が十四世紀後半とすれば、六百年あまり、その間、若干、戦乱で途切れた時があるとはいえ、だいたい続いてきた。こんなに持続した祭礼は、世界に類を見ないものといえよう。それは時と場合に応じて形を変え、祇園祭は絶えず変化してきたのである。時代変化に応じて変わってきたからこそ、現在まで存続することができたのだ。大きく四つの祭礼形態にわけられるように変化した。変化することによって存続してきた祇園祭、その時々の具体的様相を描くことによって、現在の祭りの位置を確かめることができたならば、というのが本書執筆の願望である。山鉾巡行はその変化のなかでのもっとも華麗な大輪の華である。

文化財保存と日々に変わる都市の現状、担い手たる山鉾町の住民の少数化など、難しい問題を抱えている祇園祭である。いかにして新たな担い手を得るか、いかにして、古き革袋に新酒を盛ることができるか。対応は焦眉の急を迫られているといってよい。祇園祭の新たな発展を祈って止まないものである。

本書執筆に当たっては、祇園祭を撮りつづけられているカメラマン、西山治朗さんに大変お世話になった。また、現八坂神社宮司真弓常忠氏に御紹介いただき、真弓さんは祇園の本地仏が安置されている大蓮寺にうかがうのに、御一緒してくださった。もっともっと京都のなかを歩き、また全国各地の祇園系統の祭礼を見て歩き、そして祇園祭をアジア各地の疫病除災の祭礼のなかで考察したいと思っていた。思いのみあって、断片的に聞くぐらいで結局はできなかった。残念なことである。しかし、本書がこういう形で結実したのは、私にとって大変、嬉しいことである。史料の真偽などでは青木和夫、桑山浩然、加藤友康の諸氏に御教示を得た。図表の作成などに御厄介をかけた阿部環さん、諸事、編集・校正でお世話になった中公新書編集部の木村史彦・高橋真理子両氏に深く感謝したい。

一九九九年二月十五日

脇　田　晴　子

参考文献

赤松俊秀『古代中世社会経済史研究』平楽寺書店、一九七二年
秋山国三・仲村研『京都「町」の研究』法政大学出版局、一九八四年
浅香年木「古代の北陸道における韓神信仰」『日本海文化』六号、一九七九年
井狩弥介・沖守弘「インド・聖なる神の山車巡行祭」『季刊民族学』十一号、一九八〇年
泉万里「祭礼草紙考」『日本美術史の水脈』ぺりかん社、一九九三年
井上満郎「御霊信仰の成立と展開―平安京都市神への視角―」『奈良大学紀要』五、一九七六年
今谷明『戦国期の室町幕府』角川書店、一九七五年
今中寛司『新訂日本文化史研究』三和書房、一九六七年
岩橋小弥太『芸能史叢説』吉川弘文館、一九七五年
大山喬平『日本中世農民史の研究』岩波書店、一九七八年
岡田莊司『平安時代の国家と祭祀』続群書類従完成会、一九九四年
岡村秀夫「堂の前町と『鷺の舞』」『ふるさと山口』一八号、一九九七年
景山春樹「日吉社祭祀考」『神道史研究』十三―三、一九六七年
狩野直喜「禮経と漢制」『東方学報』十―二号、一九三九年

河音能平「若狭国鎮守一二宮縁起の成立――中世成立期国衙の歴史的性格究明のために」『中世封建制成立史論』東京大学出版会、一九七一年
同『中世封建社会の首都と農村』東京大学出版会、一九八四年
河原正彦「祇園祭の上久世駒形稚児について」同志社大学『文化研究』十四号、一九六二年
同「祇園御霊会と少将井信仰―行疫神と水神信仰との抵触―」同志社大学日本文化史研究会編『日本文化史論集』、一九六二年
菊池京子「御霊会の成立と展開―信仰支持者の階層を中心として―」『史窓』一七・一八合併号、一九六〇年
喜田貞吉「つるめそ（犬神人）考」『社会史研究』九―四、一九二三年
久保田収『八坂神社の研究』臨川書店、一九九七年
黒田日出男『境界の中世　象徴の中世』東京大学出版会、一九八六年
黒田龍二「八坂神社の夏堂及び神子通夜所」『日本建築学会計画系論文報告集』三五三号、一九八五年
香西精「女曲舞『賀歌』」『世阿弥新考』わんや書店、一九六二年
小杉達「祇園社の社僧」『神道史研究』一八―二、一九七〇年
同「祇園社の御師」『神道史研究』一九―一、一九七一年
後藤淑「春日若宮御祭細男の歴史」『春日田楽・細男調査報告』、一九七六年
小西瑞恵「地主神の祭礼と大山崎惣町共同体」『日本史研究』一六六号、一九七六年
小松茂美「『年中行事絵巻』誕生」『年中行事絵巻』中央公論社、一九七七年
五味文彦『院政期社会の研究』山川出版社、一九八四年

近藤喜博「稲荷御旅所とその伝承」『国学院雑誌』、一九五八年
佐伯有清「八、九世紀の交における民間信仰の史的考察─殺牛祭神をめぐって─」一九五八年、のち「殺牛祭神と怨霊思想」と改題して『日本古代の政治と社会』吉川弘文館、一九七〇年に所収
佐藤進一「室町幕府論」『岩波講座日本歴史』7、中世3、一九六三年、のち『日本中世史論集』岩波書店、一九九〇年に所収
柴田実「祇園御霊会─その成立と意義─」『中世庶民信仰の研究』角川書店、一九六六年
柴田実編『御霊信仰』雄山閣出版、一九八四年
瀬田勝哉「中世祇園会の一考察──馬上役制をめぐって」『日本史研究』二〇〇号、一九七九年、のち『洛中洛外の群像』平凡社、一九九四年に所収
高取正男「御霊会の成立と初期平安京の住民」京都大学読史会編『国史論集』、一九五九年
高原美忠『八坂神社』学生社、一九七二年
同　編『素戔嗚尊奉祀神社の調査』素戔嗚尊奉祀神社の調査刊行会、一九七七年
徳田和夫『絵語りと物語り』平凡社、一九九〇年
戸田芳実「荘園体制確立期の宗教的民衆運動─永長大田楽について─」『歴史学研究』三七八号、一九七一年、のち『初期中世社会史の研究』東京大学出版会、一九九一年に所収
豊田武「祇園社をめぐる諸座の神人」一九三七年、のち『座の研究』吉川弘文館、一九八二年に所収
同「西陣機業の源流」『座の研究』、一九八二年
中山薫「中世巫女の存在形態　備前・備中の場合」『日本民俗学』九二号、一九七四年

難波田徹「元徳本祇園社絵図考」葛川絵図研究会編『絵図のコスモロジー』上巻、地人書房、一九八八年

丹生谷哲一『検非違使』平凡社、一九八六年

同　「一服一銭小考」『立命館文学』五〇九号、一九八三年

西田長男「『祇園牛頭天王縁起』の成立」『神社の歴史的研究』塙書房、一九六六年、のち柴田実編『御霊信仰』雄山閣出版、一九八四年に所収

野地秀俊「『社僧』再考—中世祇園社における門閥形成—」『仏教大学大学院紀要』二十六号、一九九八年

能勢朝次『能楽源流考』岩波書店、一九三八年

萩原龍夫『中世祭祀組織の研究』「補論第二吉田神道の発展と祭祀組織」吉川弘文館、一九六二年

橋本裕之『王の舞の民俗学的研究』ひつじ書房、一九九七年

林田雅至「私説《視覚映像文化論》その9：紅色小十字《サン・ロック》架刻印・聖人物語」大阪外国語大学『視聴覚外国語教育研究』第十六号、一九九三年

林屋辰三郎『古代国家の解体』東京大学出版会、一九五五年

同　「天神信仰の遍歴」『古典文化の創造』東京大学出版会、一九六四年

肥後和男「平安時代における怨霊の思想」『史林』二四—一、一九三九年

福原敏男『祭礼文化史の研究』法政大学出版局、一九九五年

福山敏男「八坂神社本殿の形式」『日本建築史の研究』綜芸社、一九八〇年

二木謙一『中世武家儀礼の研究』吉川弘文館、一九八五年

細川涼一『女の中世』日本エディタースクール出版部、一九八九年

本多隆成「中世末・近世初頭の大山崎惣中」『日本史研究』一三四号、一九七三年

真弓常忠『古代祭祀の構造と発達』臨川書店、一九九七年

水上毅『明倫区を中心としたる平安中京史の研究』私家版、一九三九年

水野祐「猲人考」竹内理三博士古稀記念会編『続律令国家と貴族社会』古川弘文館、一九七八年

村山修一『日本陰陽道史総説』塙書房、一九八一年

同　『習合思想史論考』塙書房、一九八七年

村山智順『朝鮮の鬼神』国書刊行会、一九七九年

八坂神社編『八坂神社』学生社、一九九七年

柳田国男『女性と民間伝承』「定本柳田国男集」第六巻、筑摩書房、一九六二年

矢富厳夫『鷺舞と津和野踊り』津和野歴史シリーズ刊行会、一九七三年

山路興造「祇園御霊会の芸能—馬長童・久世舞車・羯鼓稚児—」『芸能史研究』九四号、一九八六年

同　「祇園囃子の源流と変遷」祇園祭山鉾連合会刊『講座　祇園囃子』、一九八八年

同　「祇園祭りの鉾と女性」『女性史学』第三号、一九九三年

ルーシュ、バーバラ『もう一つの中世像—比丘尼・御伽草子・来世—』思文閣出版、一九九一年

脇田晴子「中世の祇園会—その成立と変質」『芸能史研究』四号、一九六四年

同　『日本中世商業発達史の研究』御茶の水書房、一九六九年

同　『日本中世都市論』東京大学出版会、一九八一年

同　「中世被差別民の生活と社会」部落問題研究所編『部落の歴史と解放運動前近代編』、一九八五年

同　『室町時代』中公新書、一九八五年

同　「戦国期における天皇権威の浮上」上下、『日本史研究』三四〇・三四一号、一九九〇・九一年

同　『日本中世女性史の研究』東京大学出版会、一九九二年

同　「中世祇園社の『神子』について」『京都市歴史資料館紀要』第一〇号、一九九二年

同　「日本中世の都市祭礼と共同体」『比較都市史研究』一一―一号、一九九二年

同　「「家」の成立と中世神話―神道集・能楽・縁起絵巻を中心に」『ジェンダーの日本史』上、東京大学出版会、一九九四年

和田萃「殯の基礎的考察」『史林』五二―五、一九六九年

和田義昭「奈良手掻郷祇園会について」『芸能史研究』二九号、一九七〇年

WAKITA, Haruko, "Town Festivals : Medieval Towns and Seigniorial Authority in Medieval Japan" (Translated by Dr. James McMullen), STUDIES IN JAPANESE LANGUAGE AND CULTURE, Vol. 1, 1991

同　"Fêtes et communautés urbaines dans le Japon médiéval. La fête de Gion à Kyôto" (Traduit par Pierre-François Souyri), ANNALES 52e ANNÉE-N°5, 1997

『中世京都と祇園祭　疫神と都市の生活』を読む

京樂真帆子

本書は、現在の祇園祭を解説したり、読み解いたりすることを目的とはしていない。原著は新書（中公新書）の形態を取っていたが、気軽なガイドブックとしてこの本を片手に祇園祭の見物を楽しむことはおそらく難しかろう。本書は、祇園祭には今に至るまでにどのような歴史があったのか、特に中世京都に焦点を当て、史料に基づいて解き明かす歴史学の研究書である。

1　本書の特徴

本書を理解するためには、二つの基礎知識が必要である。

まず一つ目は、祇園祭は、神輿渡御と山鉾巡行という二つの祭りから成り立っている、ということである。祇園祭に神輿が出るということは、京都に住まう人々にとってはごく常識的な事実であるが、他地域の人々にはあまり知られていない。わたしも、山鉾巡行を見学した帰り道、つまり、七月一七日の夜に市中を練り歩く神輿を見て「これは何の祭りですか？」と尋ねる日本中世史研究者に出会ったことがある。

二つ目は、祇園祭のうち山鉾巡行は、京都の下京の人々が支えている祭りだ、ということである。著者は、この祭りの変遷の背景に、中世京都の都市的発展を見る。室町時代の下京に自治都市が成立し、その共同体の連帯の様子が山鉾巡行に表れるとするのである。そして一方、神輿渡御には下京にとどまらない地域の人々を対象とする祭りの意味がある。この二つの祭りが別々に成り立ち、それが祇園祭として一緒に把握されるに至った経緯を解き明かすのが本書の目的である。

本書の構成を見ると、全五章のうち四章が神輿渡御に関する記述で占められている。著者の筆がどこに重きを置いているのか、一目瞭然であろう。

つまり本書は、林屋辰三郎『町衆—京都における「市民」形成史』（中公新書、一九六四年）が町共同体の発展が祇園祭の山鉾巡行を復興させ、維持してきた様を描くのとある意味対を為している。林屋氏の都市史研究および芸能史研究を発展的継承する脇田氏ならではの著書である。

本書は祇園祭を歴史学的に解明するものであるが、典拠とする資史料、研究文献・論文は日本中世史研究にとどまらない。それは、本書の著者・脇田晴子氏が日本中世史研究者であるだけではなく、都市史研究者、商業史研究者、芸能史研究者であり、かつ女性史研究者であるからである。

さらに脇田氏は、アメリカ・フランス・イギリスなど欧米諸国や中国・インドなどアジア諸国など世界中を歴訪し、現地の歴史研究者との交流に努め、国際感覚をもって歴史学研究を行ってきた。本書においても、西洋中世都市との比較検討が随所で行われている。

このように、脇田氏の研究の多彩さが本書には遺憾なく発揮されている。

2　本書の構成と内容

以下、本書の内容を簡単に紹介していこう。紙数の都合で、網羅的な紹介ではなく論点を四つに絞ることをお断りしておきたい。

①　祇園祭と神輿

祇園祭における神輿渡御の歴史は、平安時代の御霊会から始まる。それを解き明かしていくのが、第一章「祇園御霊会のはじまり」である。

御霊会とは、疫病退散を祈る神事である（第一節「御霊会のはじまり」）。この疫病とは現在でいうところの天然痘などに当たると考えられるが（新村拓著『日本医療社会史の研究』（法政大学出版局、一九八五年）などを参照されたい）、当時は医学的対処などできるはずがなかった。

そこで、疫病はさまざまに解釈される。この世に恨みを残して死んだ者の魂が怨霊となり人々に祟って疫病が蔓延するのだ、というのも一つの解釈である。また、外国から疫神がやってきて病をまき散らすのだ、とも解釈された。後者の疫神が、祇園牛頭天王である。インドに起源を持つ牛頭天王が祇園にやってくるまでの経緯は、第二節「祇園天神堂」に詳しい。

こうした疫神がやってきた場合、病をもたらす前に神を歓待し、機嫌良く別の土地に移動して貰おう、というのが御霊会である。そして、その神を乗せるのが神輿である。神輿を祓うということは疫神に移動してもらうことであり、再び異界へ送り返すことである。これが、祇園御霊会に神輿が必ず付随する理由である。

さて、もう一つ注目したいのは、御霊会を求めた人たちである。平安時代の御霊会は、朝廷主催のものだけではなく、民間でも行われた。つまり、平安京・京都に住まう人々が御霊会を必要とした、ということである。平安京は都市として成熟していき、人々が過密に暮らすが故に疫病が蔓延した。だからこそ疫病には個人的な対応ではなく、都市全体を対象とした対策が講じられなければならない。先述したように、山鉾巡行は下京の祭りである。一方、神輿渡御に先立つ御霊会は、平安京・京都が全体で取り組むべき祭りであった。祇園祭を平安時代からの連続性で説明する時、このことを忘れてはならない。

② 疫神の転回

当初、祇園御霊会の疫神は、やっかいな存在として送り出すべき存在であった。それが十世紀末頃から、逆に疫病を祓うためにそばに居ていただきたい存在へと一八〇度転回した。災疫とともに流されるものだった神輿が、市中に迎え入れられ祀られる存在へと変化していく。これが、神輿渡御である。

第三章「疫神の二面性」は、この疫神の転回について詳説する。第一節「牛頭天王説話の成立と神観念の変化」では、牛頭天王がなぜ「蘇民将来子孫」を救済することになったのかを説話をもとに説明する。著者はこの牛頭天王の両義性、すなわち疫病をうつして人々を懲らしめる側面と、疫病から人々を守る側面という一見相反する側面を兼ね備える神の姿に、日本中世の神観念を読み取る。また、もう一つ注目したいのは、神の行動描写に日本中世の家族制度の反映を見る点である。牛頭天王は正妻の家で妻方居住をし、さらに新所居住へと移ろうとした（そこで蘇民将来と再会するのである）。著者はそこに中世人の妻問婚・婿取婚からの変化を見る。

第二章「御旅所と神輿渡御」では、疫神の転回による神輿渡御の成立と、神輿が鎮座する市中の御旅所の成立、およびそれを支えた京都の富豪商人について述べていく。

神輿渡御を支えた人たちの中で、著者が注目するのは馬上役である。第七節「馬上役と洛中富家・潤屋の賤民」で述べられるように、馬上役とは、祭礼費用を洛中の富豪層に負担させることで祭りを維持する、という方策であった。この富豪層とは、院政期に起こってきた商工業者のことである。つまり、祇園御霊会は京内に住まう人々を救いの対象とする祭りであったが、その費用を天皇や院、貴族たちの喜捨だけではなく、京都の商人たちにも負担させよう、ということである。ここに、祇園御霊会が民衆の祭りへと転換していくきっかけがあった。第八節「馬上十三鉾と馬上役」で分析されるように、この馬上役で得られた資金の大部分は、「馬上十三鉾」の管理者へ渡された。この「馬上十三鉾」こそが、のちの山鉾巡行に展開していく。

こうした大きな変化は、平安時代末期の院政期に起こった。経済的発展を遂げた商人たちが、平安京・京都の新たな主役として登場してきたのである。京都の都市としての歴史の画期はここにある、と著者は評価する。

③ 女性と祇園会

第四章「祭りを支えた人々」は、祇園会の神輿渡御の行列に奉仕する神人すなわち京都の商人の活動に焦点を当てる。この商人の中には、女性も含まれる。日本女性史研究の泰斗である著者が、力を込めて語る部分である。

第二節「神輿渡御と「神子」」以下第三節「社座神子と大座」、第四節「宮籠と片羽屋「神子」」、第五節「御旅所の「神子」」、第六節「駒頭とあるき神子惣中」では、渡御の行列に巫女（「神子」）がおり、中世の神事に女性が広く、かつ深く関わっていたことを指摘する。つまり、女性の関与を原則として拒否する現代の祇園祭のあり方を暗に、しかしながら、痛烈に批判する部分である。

第七節「女神子の行方」では、活躍していた女性（巫女・神子）たちが、祇園社から排除されていく傾向を指摘する。著者は、『洛中洛外図』など中世後期の絵画史料に女性の姿を探す。一六世紀前期に成立した町田家本『洛中洛外図』に描かれる神輿渡御には、すでに巫女はいない。しかし、一六世紀中頃に成立した上杉家本『洛中洛外図』には、御旅所の前にまだ巫女がいる。著者は断定を慎重に避けているが、この一六世紀あたりで、祇園祭は女性を排除しはじめたと推測されよう。これが、現在の山鉾巡行の「伝統」につながっていくのである。

本章の最後に著者は明記する。中世京都について、「この時代には、女人禁制もなかった。」と。続けて「祭りは時代とともに変化していくものなのである。」とするのは、現在「伝統」とされている女性排除を見直し、新しい時代、すなわち、ジェンダー平等を目指す男女共同参画社会にふさわしい祭りのあり方に変化させるために女性にも門戸を開くべきだ、と檄を飛ばしているのである。

④　山鉾巡行

さて、本書は第五章「山鉾巡行の成立と展開」になってやっと祇園祭の山鉾巡行について語り始めるのであるが、もちろん著者は一般的な解説をするのではない。

第二節「山鉾の起源—下辺経営の鉾」では、南北朝期に山鉾巡行が始まったことを明らかにする。その運営主体は、「下辺」すなわち下京の人々であった。

重要なのは、町共同体の成立を南北朝期（一四世紀）という早い時期に見ているということである。従来の研究では、一六世紀中頃に、室町将軍不在で、かつ天下動乱を理由に神輿渡御を中止したにもかかわらず、それとは別に山鉾巡行を挙行したことに町共同体の成熟を見てきた。それに対して著者は、神輿渡御がなくとも山鉾巡行を、しかも、室町将軍義満の面前で行ったことに町共同体の力を読み取る。これは、今後も様々に分析・検討が加えられていくべき論点であろう。

第四節「応仁乱前の山鉾」では、山鉾を出す町共同体の実態を明らかにし、中世京都における共同体が職種別のギルド的結合から地縁的結合へと変化したことを示す。こうした傾向は、祇園祭の再興時にはすでに見られたことを第五節「明応の再興」が明らかにしていく。山鉾が復興した明応九（一五〇〇）年という年は、中世京都の大転換点であった。


以上、本書の内容を簡単に紹介してきた。本書の魅力は、堅実な史料読解に基づく実証的研究の成果を披露する点と、研究分野の垣根を越えてさまざまな方向から祇園祭を描く点とにある。まさに、祇園祭自体のコンプレックス（複合体）を分析する、コンプレックス（複合的）研究の成果なのである。

3　著者・脇田晴子氏の略歴

脇田晴子氏は一九三四年三月九日、麻野恵三、しずゑの四女として兵庫県西宮市に生まれた。子どもそれぞれに子守がつくような裕福な地主の家庭に育ったが、敗戦により農地を失い経済的な困窮も味わった。この時の経験が、著者を歴史学研究に向かわせたという。

一九五二年に大阪府立北野高校を卒業し、神戸大学文学部へ進学。さらに、京都大学大学院文学研究科へ進み、一九六九年に博士号を取得している。

女性の大学進学率が、まだ極めて低かった時代である。短大ならば、あるいは、女子大ならば、と言う両親を説得して共学の四年制大学を受験するためには、洋裁学校にも通うことが条件だった。脇田氏は、いわゆるダブルスクールの経験者でもある。

大学院進学後も、同級生の中でただ一人の女性として様々な苦労をしたという。これが氏が女性史研究に目を向けるきっかけの一つとなった。一九六〇年に脇田修氏と結婚した後も、研究と家庭生活、三人の子どもの育児とを両立させた。女性研究者のワーク・ライフ・バランスの達人としての先駆者である。

最初の就職は橘女子大学（現・京都橘大学　一九六七～一九八四年）で、そこから鳴門教育大学（一九八四～一九九〇年）、大阪外国語大学（現・大阪大学　一九九〇～一九九五年）へと移り、滋賀県立大学（一九九五～二〇〇四年）で定年を迎えた。その後、城西国際大学大学院客員教授、石川県立歴史博物館館長などもつとめている。

最初の著書は、博士号を取得した『日本中世商業発達史の研究』（御茶の水書房、一九六九年）である。その後、『日本中世都市論』（東京大学出版会、一九八一年）、『日本中世女性史の研究』（東京大学出版会、一九九二年）、『日本中世被差別民の研究』（岩波書店、二〇〇二年　第二五回角川原義賞受賞）、『能楽からみた中世』（東京大学出版会、二〇一三年）など多数の著作を世に送り出した。こうした著作のタイトルを見るだけでも、著者の研究の守備範囲がいかに広いかがわかるだろう。

演能者であったことも、著者の研究に反映している。自宅には「船弁慶」(一九八三年演能)や「自然居士」(一九九一年演能)を自ら演じる姿の写真が飾られ、また、二〇〇九年には、鎌倉後期の女性による日記文学『とわずがたり』に取材した能を自作自演している。手が小さいのでピアノは苦手だったが謡は好きだった、だから学校の古文の授業が楽しかったと語る著者は、芸能史研究を自ら体現する存在でもある。

また、脇田氏には編著が多いのも特徴的である。たとえば、女性史研究に限ってあげていくと、『日本女性史』(全五巻、東京大学出版会、一九八二年)、『母性を問う―歴史的変遷―』(上下、人文書院、一九八五年)、『日本女性生活史』(全五巻、東京大学出版会、一九九〇年)、『ジェンダーの日本史』(上下、東京大学出版会、一九九四・一九九五年)などがある。これらはすべて研究会を組織し、相互に研究発表を行い、議論を戦わせることで分析の深化を計った共同研究の成果である。氏は一人で閉じこもって研究するのではなく、若手たちをも巻き込み、共に学んでいくというスタイルを取った。また、多分野の研究者が集う学際的研究のスタイルを日本史研究に定着させた一人でもある。

脇田氏は、各種研究会の場として自宅を提供することもあった。自宅書庫の本を自在に活用する勉強会に、わたしも参加したことがある。史料講読においては自らも輪読を担当し、研究史を振り返りながら、その論文が書かれた頃の思い出話に花が咲き、話が脱線していくこともあった。時にはお酒を飲みながら（脇田邸には世界中の珍しいお酒が常備されていた）、さらには脇田氏の手料理に舌鼓を打ちながら、議論は夜遅くまで続いた。あまりの賑やかさに脇田修氏も同席し、さらに話が脱線していくこともあった。思い返すと、こうした脱線した議論の先にこそ、真の学問的営為があった。

著者はその多才な研究業績を認められて文化功労者（二〇〇五年）となり、さらに文化勲章（二〇一〇年）を受賞した。また、二〇〇六年より脇田氏を中心に女性史学賞が設置され、今も後進たちの励みとなっている。

4　その後の祇園祭研究

最後に、本書刊行後の祇園祭研究の動きをごく簡単に紹介しておきたい。

中世の祇園祭について精力的に研究を積み重ねているのは、河内将芳氏である。その著書『祇園祭と戦国京都』（角川学芸出版、二〇〇七年）では紙芝居「祇園祭」や映画「祇園祭」にも触れ、さらに『祇園祭の中世―室町・戦国期を中心に―』（思文閣出版、二〇一二年）では「見物」をキーワードにして権力との関わりを描き出している。また、川嶋將生著『祇園祭　祝祭の京都（みやこ）』（吉川弘文館、二〇一〇年）は対象とする時代を下げて、江戸時代の祇園祭の様相を描き出した。中近世を通して町人が支える祭りは共同体のあり方を考えるのに最適な題材であり、今後も多くの研究成果を生むであろう。

さらに、著者も検討を加えた絵画史料について、河内将芳著『絵画史料が語る祇園祭　戦国期祇園祭礼の様相』（淡交社、二〇一五年）が『洛中洛外図屏風』の諸本により戦国時代の祇園祭の分析を行っている。文献史料のみに依らない祇園祭研究は今後も深化していくだろう。近年、歴史学による研究のみならず、鉾町の内部構造の解明に迫る民俗学的研究などが積み重ねられていることも指摘しておきたい。

このように、脇田氏が実現した祇園祭に関するコンプレックス（複合的）研究は、多くの人々の手で今後も継承されていくに違いない。

二〇一四年七月二四日、一九六六年以降途絶えていた祇園祭の後祭が復興した。伝統とされてきた女性排除にも、いくつかの風穴が開いた。祇園祭は過去の形態を踏襲する古典なのではない。変化する祭りであるからこそ、その軌跡を記録し、分析し、評価していくことが重要である。そこに歴史学研究の意義があろう。本書はその座標の一つとなる書物である。

（滋賀県立大学教授）

本書の原本は、一九九九年に中央公論新社より刊行されました。

著者略歴

一九三四年　西宮市に生まれる
一九六三年　京都大学大学院文学研究科博士課程単位取得
二〇一〇年　文化勲章受賞
現　　在　滋賀県立大学名誉教授
　　　　　文学博士（京都大学）

〔主要著書〕

『日本中世商業発達史の研究』（お茶の水書房、一九六九年）、『日本中世都市論』（東京大学出版会、一九八一年）、『日本中世女性史の研究』（東京大学出版会、一九九二年）、『日本中世被差別民の研究』（岩波書店、二〇〇二年）、『天皇と中世文化』（吉川弘文館、二〇〇三年）、『能楽のなかの女たち』（岩波書店、二〇一〇年）

読みなおす日本史

中世京都と祇園祭
疫神と都市の生活

二〇一六年（平成二十八）七月一日　第一刷発行

著　者　脇《わき》田《た》晴《はる》子《こ》
発行者　吉川道郎
発行所　株式会社 吉川弘文館
郵便番号一一三―〇〇三三
東京都文京区本郷七丁目二番八号
電話〇三―三八一三―九一五一〈代表〉
振替口座〇〇一〇〇―五―二四四
http://www.yoshikawa-k.co.jp/
組版＝株式会社キャップス
印刷＝藤原印刷株式会社
製本＝ナショナル製本協同組合
装幀＝清水良洋・渡邉雄哉

ISBN978-4-642-06715-7

刊行のことば

現代社会では、膨大な数の新刊図書が日々書店に並んでいます。昨今の電子書籍を含めますと、一人の読者が書名すら目にすることができないほどとなっています。ましてや、数年以前に刊行された本は書店の店頭に並ぶことも少なく、良書でありながらめぐり会うことのできない例は、日常的なことになっています。

人文書、とりわけ小社が専門とする歴史書におきましても、広く学界共通の財産として参照されるべきものとなっているにもかかわらず、その多くが現在では市場に出回らず入手、講読に時間と手間がかかるようになってしまっています。歴史の面白さを伝える図書を、読者の手元に届けることができないことは、歴史書出版の一翼を担う小社としても遺憾とするところです。

そこで、良書の発掘を通して、読者と図書をめぐる豊かな関係に寄与すべく、シリーズ「読みなおす日本史」を刊行いたします。本シリーズは、既刊の日本史関係書のなかから、研究の進展に今も寄与し続けているとともに、現在も広く読者に訴える力を有している良書を精選し順次定期的に刊行するものです。これらの知の文化遺産が、ゆるぎない視点からことの本質を説き続ける、確かな水先案内として迎えられることを切に願ってやみません。

二〇一二年四月

吉川弘文館

読みなおす日本史

富士山宝永大爆発　永原慶二著　二二〇〇円
比叡山と高野山　景山春樹著　二二〇〇円
日蓮　殉教の如来使　田村芳朗著　二二〇〇円
伊達騒動と原田甲斐　小林清治著　二二〇〇円
地理から見た信長・秀吉・家康の戦略　足利健亮著　二二〇〇円
神々の系譜　日本神話の謎　松前　健著　二四〇〇円
古代日本と北の海みち　新野直吉著　二二〇〇円
白鳥になった皇子　古事記　直木孝次郎著　二二〇〇円
島国の原像　水野正好著　二四〇〇円
入道殿下の物語　大鏡　益田　宗著　二二〇〇円
中世京都と祇園祭　疫病と都市の生活　脇田晴子著　二二〇〇円
吉野の霧　太平記　桜井好朗著　（続　刊）
木曽義仲　下出積與著　（続　刊）